Jutta Douvitsas-Gamst · Eleftherios Xanthos
Sigrid Xanthos-Kretzschmer

DAS DEUTSCHMBIL

Deutsch als Fremdsprache für Kinder

Arbeitsbuch 1

Ernst Klett Verlag – Edition Deutsch
Stuttgart München Düsseldorf Leipzig

Das Deutschmobil
Deutsch als Fremdsprache für Kinder
Ein Lehrwerk in drei Stufen

Arbeitsbuch 1
von Jutta Douvitsas-Gamst, Eleftherios Xanthos (Zeichnungen)
und Sigrid Xanthos-Kretzschmer

Die erste Lehrwerksstufe besteht aus:

Lehrbuch 1	ISBN 3-12-**675040**-0
Arbeitsbuch 1	ISBN 3-12-**675041**-9
Kassette 1	ISBN 3-12-**675043**-5
Lehrerhandbuch 1	ISBN 3-12-**675042**-7
Testheft 1	ISBN 3-12-**675055**-9
Testheft 1 (mit Lösungen)	(nur für Lehrer)

1. Auflage   A1   18   17 | 2005 2004

Alle Drucke dieser Auflage können im Unterricht nebeneinander benutzt werden,
sie sind untereinander unverändert.
Die letzte Zahl bezeichnet das Jahr des Druckes.

© Ernst Klett Verlag GmbH, Stuttgart 1990
Alle Rechte vorbehalten.
Beratung: Heinz Wilms
Redaktion: Gernot Häublein
Umschlag: Eleftherios Xanthos und Alfred Lahner
Druck: Schoder Druck GmbH & Co. KG, 86368 Gersthofen · Printed in Germany

ISBN 3-12-**675041**-9

A3   *Schreib Dialoge wie im Beispiel.*

Beispiel:

- Guten Tag! Wer bist du?
- Hallo, ich bin Mausi.
- Wie geht's?
- Danke, prima. – Tschüs!
- Auf Wiedersehen, Mausi.

Mausi: prima

1.

Alfons: schlecht

2.

Anita: gut

3.

Werner: prima

1. 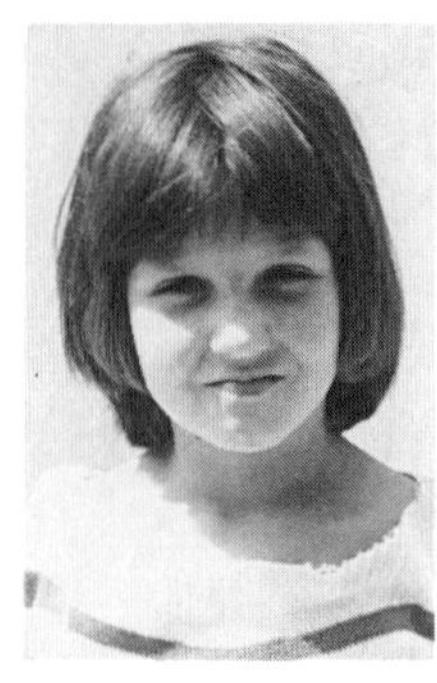

☐ Danke.
☐ Prima.
☐ Guten Tag!

2. 

☐ Tschüs!
☐ Ich bin Koko.
☐ Danke, gut.

3. 

☐ Ich bin Jochen.
☐ Du bist Peter.
☐ Nein, ich bin Dixi.

4. 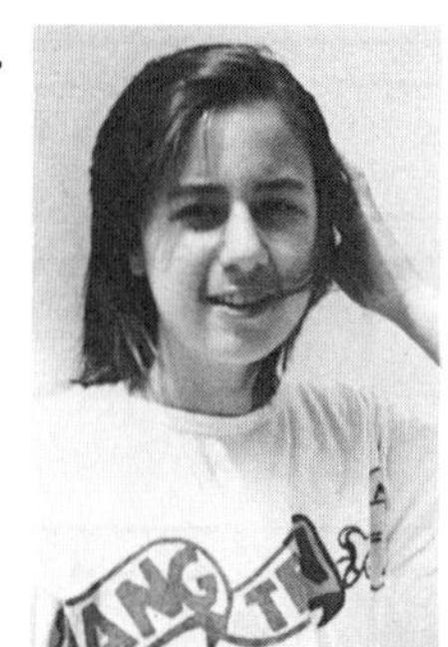

☐ Tschüs!
☐ Hallo!
☐ Guten Tag!

5. 

☐ Nein, schlecht.
☐ Nein, ich bin Dixi.
☐ Du bist Koko.

6. 

☐ Ja, Koko.
☐ Du bist Hubert.
☐ Ich bin Peter.

A1 a) *Schreib die Zahlen.*

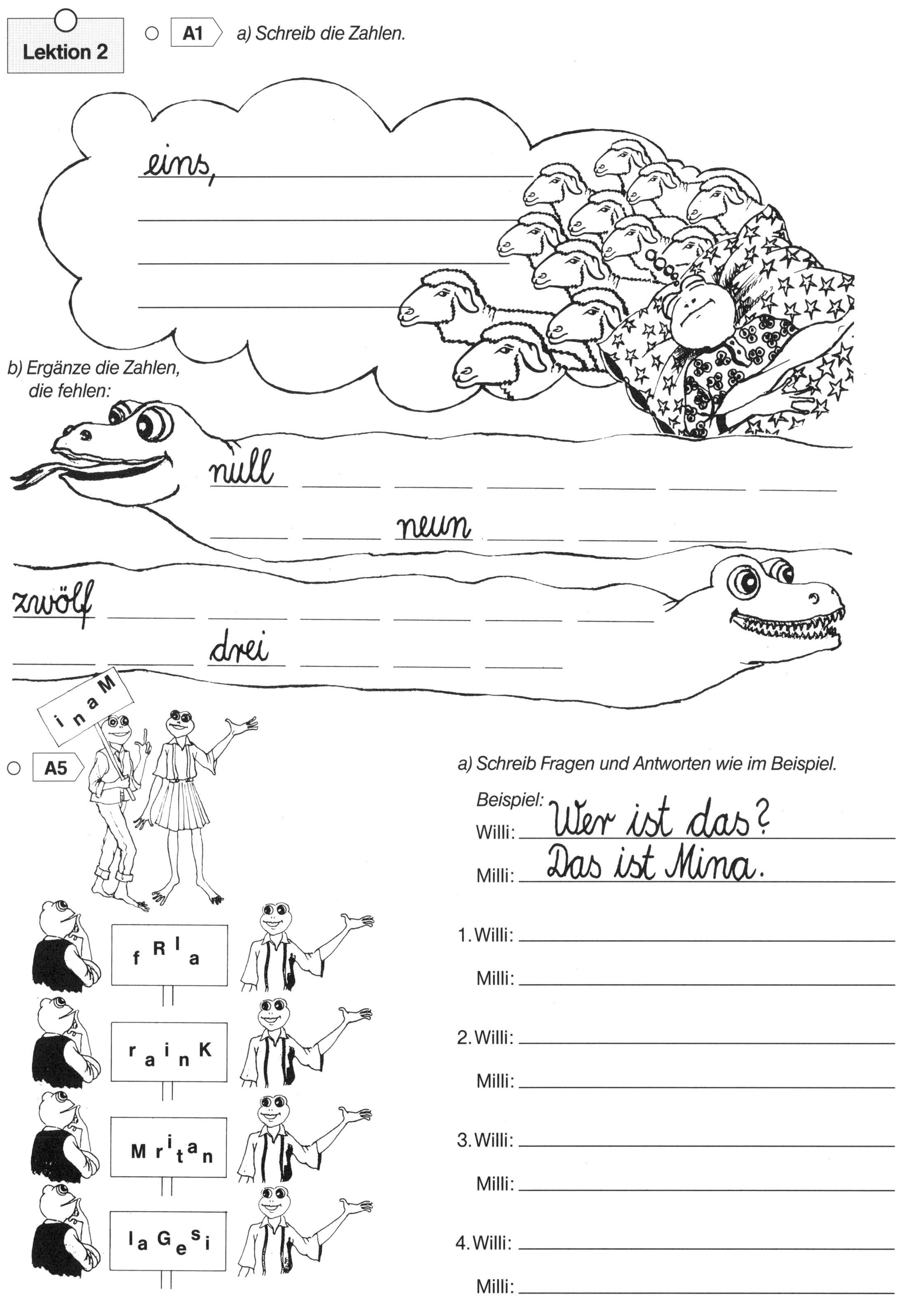

b) *Ergänze die Zahlen,
die fehlen:*

A5 a) *Schreib Fragen und Antworten wie im Beispiel.*

Beispiel:
Willi: _Wer ist das?_
Milli: _Das ist Mina._

1. Willi: _______________
   Milli: _______________

2. Willi: _______________
   Milli: _______________

3. Willi: _______________
   Milli: _______________

4. Willi: _______________
   Milli: _______________

b) Wer ist das? Was machen sie?

Schreib wie im Beispiel.

Beispiel:

1. Das ist Peter.
   Er ruft.

2. ___________

3. ___________

4. ___________

5. ___________

6. ___________

7. ___________

8. ___________

9. ___________

10. ___________

11. ___________

12. ___________

A6 — *Was macht er? Was macht sie?*

Nummer *eins* ① *Was macht Milli?* *Sie bastelt.*

Nummer ______ ② ______________________ ______________________

Nummer ______ ③ ______________________ ______________________

Nummer ______ ④ ______________________ ______________________

Nummer ______ ⑤ ______________________ ______________________

Nummer ______ ⑥ ______________________ ______________________

Nummer ______ ⑦ ______________________ ______________________

Nummer ______ ⑧ ______________________ ______________________

Nummer ______ ⑨ ______________________ ______________________

Nummer ______ ⑩ ______________________ ______________________

A7 — *Setze das Domino richtig zusammen. Nummeriere zuerst die Dominosteine.*

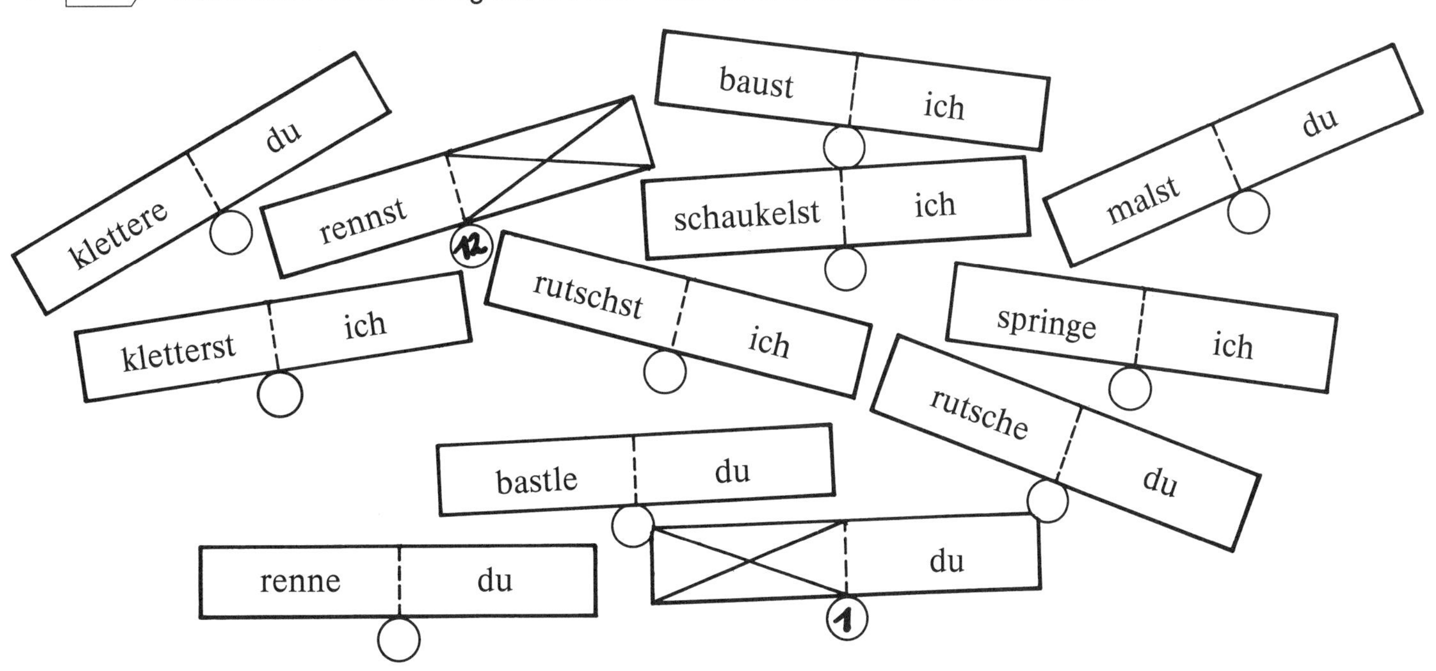

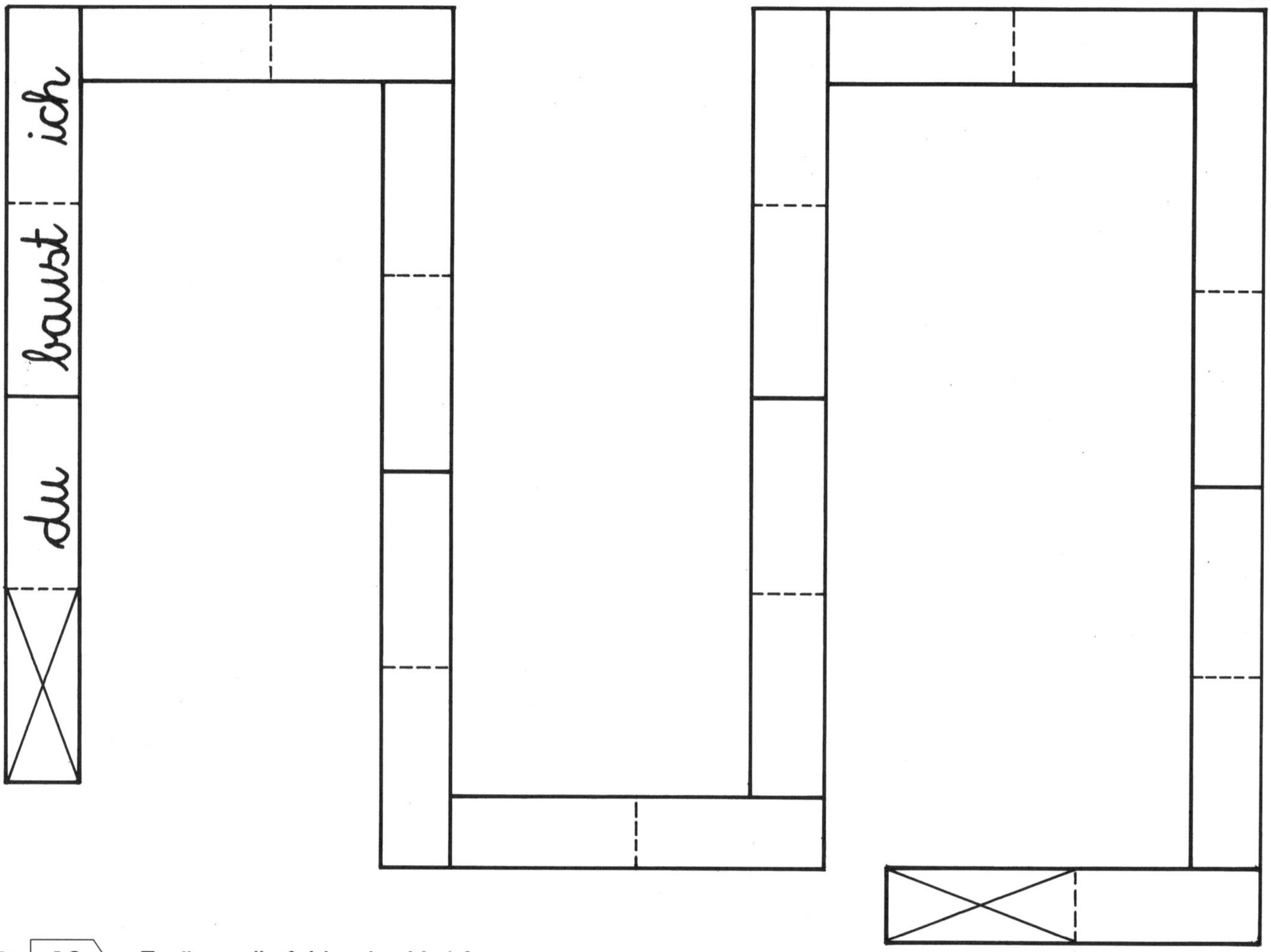

ich

baust

du

A8 Ergänze die fehlenden Verbformen.

ich		rufe			
du	springst				
er					bastelt
Willi			rutscht		
sie				klettert	
Milli					

A10 a) *Was stimmt hier nicht? Schreib Sätze wie im Beispiel.*

Beispiel: *Das ist nicht Mausi. Das ist Willi.*

1. ____

2. ____

3. ____

4. ____

b) *Schreib Frage oder Antwort dazu.*

1.
Baust du gern?

____

2.
____

Nein, ich bastle nicht gern.

3.
____

Nein, falsch.

4.
Wer ist das?

____

5.
____

Ja, ich fliege gern.

6.
____

Ich bin Dixi.

7.
____

Ja, er malt gern.

8.
Kletterst du gern?

____

9.
Schaukelt Milli?

____

10.
____

Danke, gut.

Karl
Müller

Katharina
Müller

Emil
Müller

Christa
Müller

Gerd
Müller

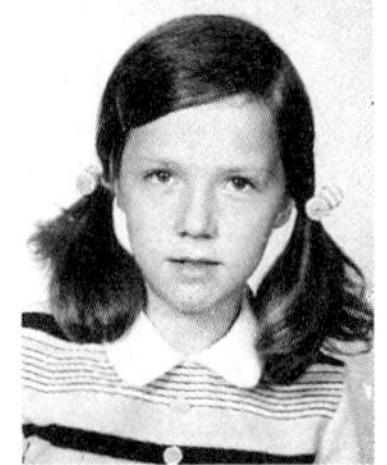

Sabine
Müller

Michael
Müller

A3 *a) Stelle die Personen vor und beschreibe ihre Verwandtschaftsbeziehungen.*

1. Das ist Karl Müller.

   Er ist der Mann von Katharina Müller.

   Er ist der Vater von Emil, Christa und
   Gerd Müller.

   Er ist der Großvater von Sabine und
   Michael Müller.

2. Das ist Christa Müller.

   ____

   ____

   ____

3. Das ist Katharina Müller.

   ____

   ____

   ____

4. Das ist Gerd Müller.

   ____

   ____

   ____

b) Wer ist wer? Trage die richtigen Nummern in die Fotos ein.

① Urgroßvater Kurt, 83
② Großvater Jörg, 59
③ Vater Peter, 40
④ Sohn Jürgen, 21

① Großmutter Alma, 63
② Mutter Frauke, 40
③ Tochter Susanne, 17
④ Urgroßmutter Pauline, 87
⑤ Tochter Nicole, 19

c) Verwandtschaftsbeziehungen: Schreib in dein Heft.

Beispiel: Pauline / Alma — *Pauline ist die Mutter von Alma.*

Frauke / Susanne – Alma / Nicole – Pauline / Frauke – Pauline / Susanne – Frauke / Alma –
Alma / Pauline – Nicole / Frauke – Susanne / Nicole – Kurt / Jürgen – Peter / Jürgen –
Jörg / Jürgen – Kurt / Jörg – Kurt / Peter – Jörg / Kurt – Jürgen / Peter – Peter / Jörg

A5 *Schreib auf wie im Beispiel.*

① 
Ralf Schulze
Berlin
10 Jahre
bauen

② 
Gisela Krause
Magdeburg
8 Jahre
schaukeln

③ 
Jörg und Inge Hansen
Hamburg
11 und 12 Jahre
basteln

④ 
Karin Fuchs
Rostock
10 Jahre
malen

⑤ 
Anna Koch
Köln
12 Jahre
tanzen

⑥ 
Martin Weber
Frankfurt
11 Jahre
basteln

⑦ 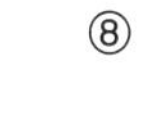
Jochen Pause
Leipzig
7 Jahre
rutschen

⑧ 
Hubert und Maria Eder
München
10 und 12 Jahre
klettern

Beispiel: Er heißt Ralf Schulze. Ralf ist ein Junge. Er kommt aus Berlin. Er ist zehn Jahre alt. Er baut gern.

② Sie heißt Gisela Krause. Gisela ist ein Mädchen. Sie

③

④

⑤

⑥

⑦

⑧

■ **A7** Bilde Fragen mit dem Schüttelkasten und beantworte sie nach den Angaben aus **A5**.

Wer Wo Wie alt Was	macht wohnt ist heißt sind machen wohnen	in Leipzig? Anna Koch? Jörg und Inge? Weber? Jochen Pause? Hubert und Maria?	gern?

1. _______________________________   _______________________________

2. _______________________________   _______________________________

3. _______________________________   _______________________________

4. _______________________________   _______________________________

5. _______________________________   _______________________________

6. _______________________________   _______________________________

7. _______________________________   _______________________________

■ **A8** Trage die Nomen mit dem bestimmten und unbestimmten Artikel in die Tabelle ein.

	der… / die… / das…	ein…	eine…
①			
②			
③			
④			
⑤			
⑥			
⑦			
⑧			
⑨			
⑩			
⑪			
⑫			

A10 · *Reime weiter wie im Beispiel. Die Bildwörter helfen dir dabei.* 

Beispiel: Fidaritz und fidarode,

 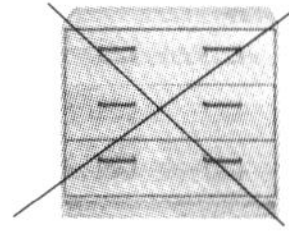

ein Regal ist keine Kommode.

3. Fidaritz und fidarampe,

____

1. Fidaritz und fidaruhl,

____

4. Fidaritz und fidaranne,

____

2. Fidaritz und fidarank,

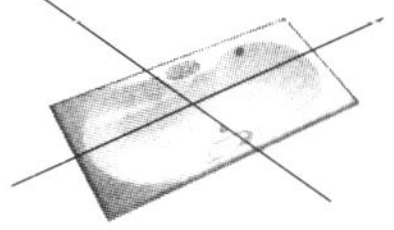

____

5. Fidaritz und fidaruhr,

 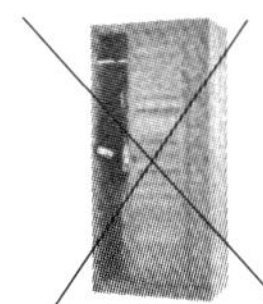

____

A13 · *Hier ist Dixis Brief an Milli. Setze ein:* **mein / meine** *oder* **Dein / Deine.**

Liebe Milli,

wie geht's? Was macht _____ Bruder Willi? Was macht _____ Familie? Sind _____ Großvater und _____ Großmutter auch da oder sind sie in Seedorf? _____ Tante und _____ Onkel wohnen doch in Seedorf, oder? _____ Mutter ist prima. Heißt sie nicht Lilli? _____ Vater bastelt ja toll. _____ Regal ist prima. Wie ist denn _____ Kommode? Mein Vater bastelt auch gern. _____ Teppich ist fantastisch. _____ Teppich fliegt. _____ Henne, _____ Hund, _____ Pferd, _____ Schwein, _____ Maus und Koko fliegen auch mit.

Viele Grüße

deine Dixi

Lektionen 1–3: Übungen zur Wortliste und zum schriftlichen Ausdruck

Nomen		Verben	Adjektive	andere Wörter
die Badewanne	die Maus	er bastelt	alt	auch
das Bett	die Mutter	er baut	falsch	da
der Brief	der Onkel	ich bin	gut	dein
der Bruder	das Pferd	du bist	fantastisch	gern
der Esel	der Quatsch	er ist	richtig	hier
das Fahrrad	das Radio	sie sind	schlecht	kein
die Familie	das Regal	er bleibt	toll	mein
die Frau	der Schrank	er fliegt		nicht
die Großmutter	das Schwein	er heißt		prima
der Großvater	die Schwester	er macht		was
das Haus	der Sohn	er malt		wer
die Henne	der Stuhl	er klettert		wie
der Hund	die Tante	er rennt		wo
die Jahre *(Plural)*	der Teppich	er ruft		
der Junge	der Tisch	er rutscht		
das Kind	die Tochter	er schaukelt		
die Kommode	die Uhr	er springt		
die Kuh	die Urgroßmutter	er tanzt		
die Lampe	der Urgroßvater	er wohnt		
das Mädchen	der Vater			
der Mann	das Zimmer			

C1 Welche Wörter aus der Liste passen dazu?

1. *Familie:* die Mutter,

2. *Tiere:* der Esel,

3. *Haus:* das Zimmer,

C2 Wer macht was? Kreuze in der Tabelle an und schreib dann Sätze auf.

		baut	fliegt	tanzt	schaukelt	rennt	malt	klettert	ruft	bastelt	rutscht
1.	Koko		X		X				X		
2.	das Pferd										
3.	Dixi										
4.	Willi										
5.	die Großmutter										
6.	das Kind										
7.	die Maus										
8.	der Vater										

1. *Koko fliegt, schaukelt und ruft.*

2. _______________________________

3. _______________________________

4. _______________________________

5. _______________________________

6. _______________________________

7. _______________________________

8. _______________________________

■ **C3** *Ist das richtig oder falsch?*

1. Dixi ist die Schwester von Milli.   *falsch*

2. Willi ist der Bruder von Milli.   *richtig*

3. Koko ist der Vater von Dixi. _______________

4. Das Fahrrad ist ein Schrank. _______________

5. Der Stuhl ist kein Regal. _______________

6. Willi wohnt in München. _______________

7. Der Sohn ist das Kind von Vater und Mutter. _______________

8. Die Familie von Willi heißt Frosch. _______________

■ **C4** *Wie findest du das? Wähle aus und schreib daneben.*

schlecht   gut   prima   fantastisch/toll

1. das Haus von Willi Frosch _______________

2. das Zimmer von Willi Frosch _______________

3. das Fahrrad von Willi Frosch _______________

4. der Stuhl von Willi Frosch _______________

5. das Bett von Willi Frosch _______________

6. Großmutter schaukelt. _______________

7. Willi und Milli tanzen. _______________

8. Vater bastelt. _______________

9. Koko macht Quatsch. _______________

10. Der Teppich fliegt. _______________

C5 a) *Welches Fragewort passt? Kreuze an:*

Wer	Wie	Was	Wo	
				wohnt in Froschdorf?
				heißt die Familie?
				wohnt Familie Frosch?
				macht Willi gern?
				alt ist Milli?
				ist die Schwester von Willi?
				geht's?
				machst du gern?
				wohnt Großmutter Frosch?

b) Lies die Fragen und schreib die Antworten in dein Heft.

C6 *Trage die Namen deiner Familienmitglieder ein:*

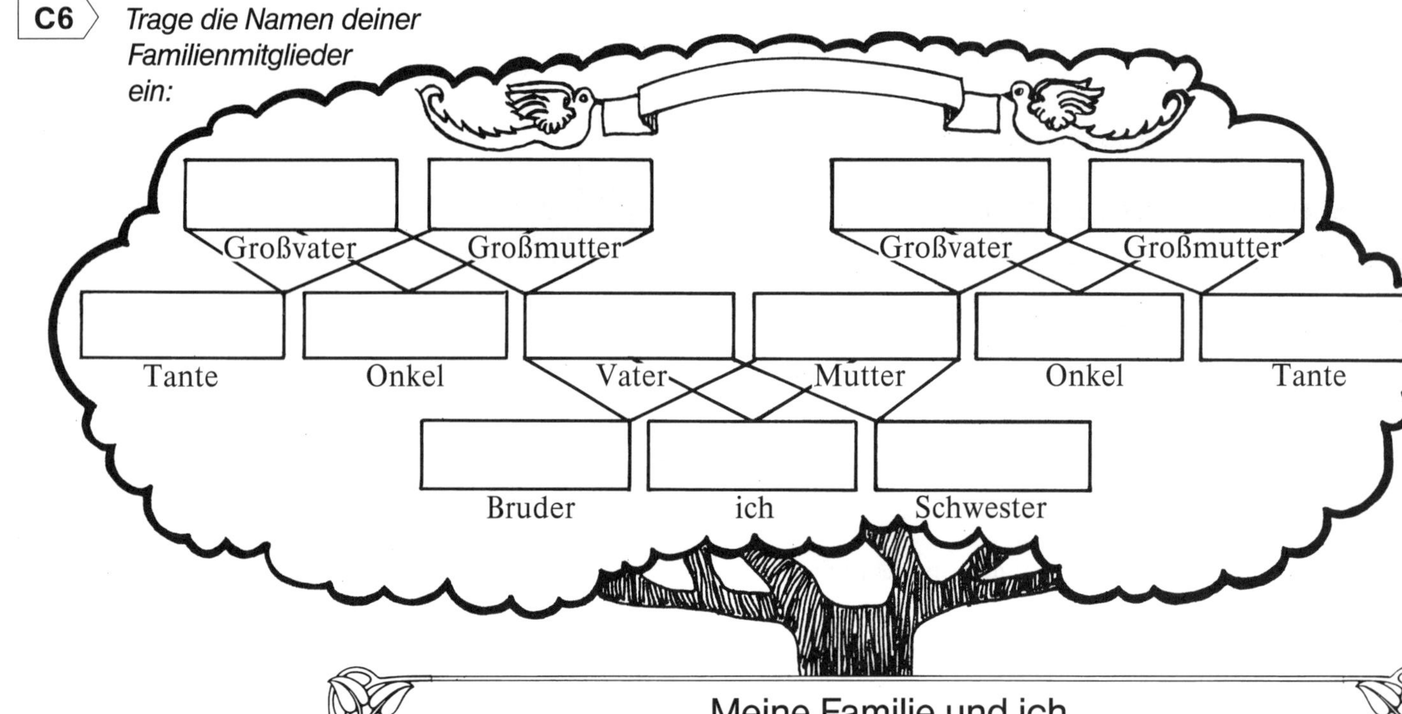

C7 *Schreib über dich und deine Familie:*

1. Wie heißt du?
2. Wo wohnst du?
3. Wie alt bist du?
4. Was machst du gern?
5. Wie heißen dein Vater und deine Mutter?
6. Wie heißt dein Bruder (heißen deine Brüder)?
7. Wie heißt deine Schwester (heißen deine Schwestern?

☐ **A1** a) *Male die Kästchen in der richtigen Farbe aus: der = blau, die = rot, das = grün.*

☐ Heft	☐ Filzstift	☐ Pinsel
☐ Ordner	☐ Block	☐ Spitzer
☐ Schere	☐ Federtasche	☐ Papier
☐ Buch	☐ Klebstoff	☐ Radiergummi
☐ Bleistift	☐ Füller	☐ Schultasche
☐ Malkasten	☐ Lineal	☐ Kuli

b) *Schreib die Wörter mit Artikel in die Tabelle:*

der	die	das

c) *Was ist das? Schreib die richtigen Wörter mit dem unbestimmten Artikel auf.*

1. Linsel = *ein Lineal und ein Pinsel*
2. Klepier =
3. Ordbuch =
4. Radierheft =
5. Füllstift =
6. Schulspitzer =
7. Federkuli =
8. Malschere =
9. Bleiblock =
10. Pineal =

A2 a) *Was passt dazu?* Schreib auf. groß, klein, dick, dünn, lang, kurz, leicht, schwer, rund, eckig.

1. __________

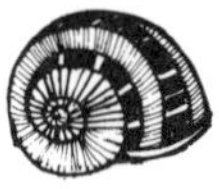

5. __________

6. __________

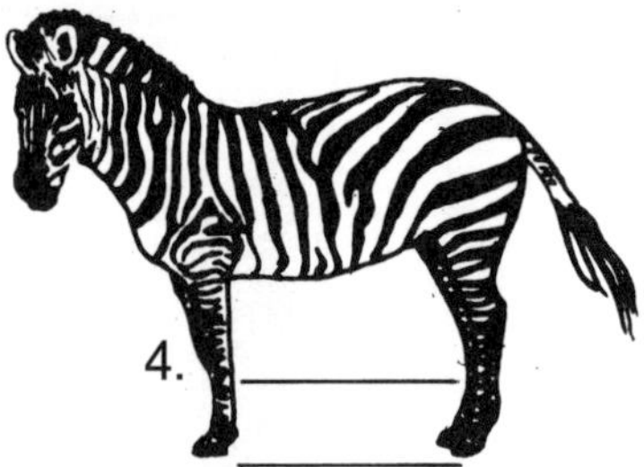

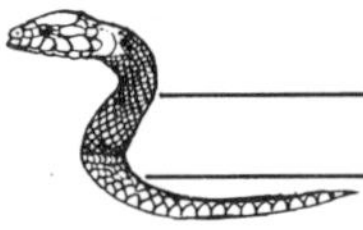

9 __________

2. __________

3. __________

7. __________

4. __________

8. __________

b) *Wie sind deine Sachen?*

1. Wie ist dein Bleistift?

Er ist __________

2. Wie ist deine Schultasche?

Sie ist __________

3. Wie ist dein Lineal?

Es ist __________

Schreib in deinem Heft weiter:

Wie ist	dein Spitzer?
	dein Deutschbuch?
	dein Ordner?
	deine Federtasche?
	dein Bett?
	dein Radiergummi?
	dein Stuhl?
	dein Fahrrad?
	dein Zimmer?
	deine Uhr?

A5 Setze die richtige Ordinalzahl ein und ergänze.

____

der   Stock __________
der erste Stock

□ **A8** › *Bilde Sätze wie im Beispiel und ergänze die Satzmodelle.*

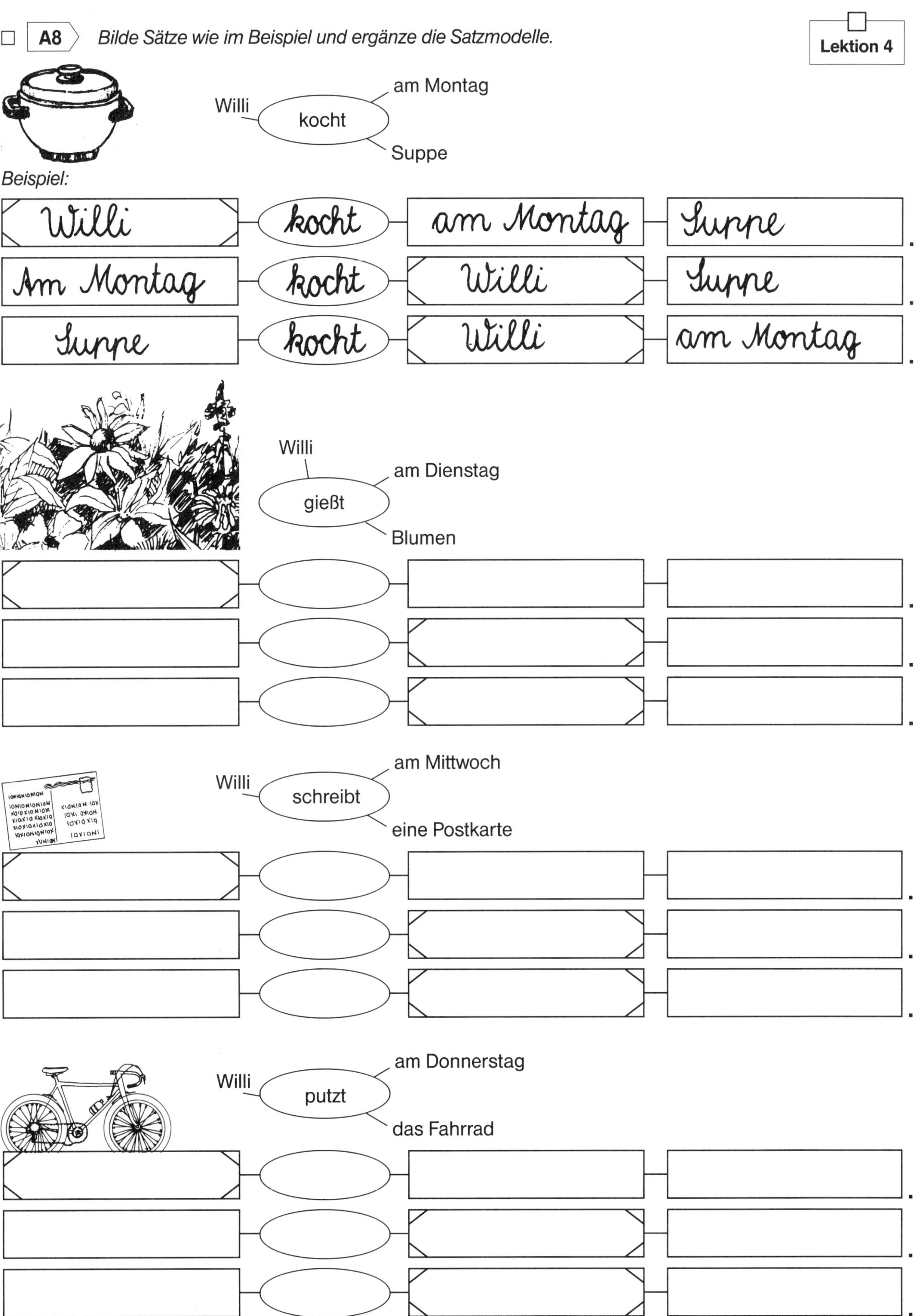

Willi — kocht — am Montag — Suppe

Beispiel:

Willi	kocht	am Montag	Suppe	.
Am Montag	kocht	Willi	Suppe	.
Suppe	kocht	Willi	am Montag	.

Willi — gießt — am Dienstag — Blumen

Willi — schreibt — am Mittwoch — eine Postkarte

Willi — putzt — am Donnerstag — das Fahrrad

□ **A9** *Was macht Willi wirklich? Ergänze, was fehlt.*

1.		*backt*	*er*	*Brot*
2.	*Das Fahrrad*		*er*	*am Donnerstag*
3.		*putzt*	*am Freitag*	*Blumen*
4.	*Am Mittwoch*	*kauft*	*er*	
5.	*Das Zimmer*		*er*	*am Dienstag*
6.	*Er*	*kocht*		*Blumen*

□ **A10** *Oma und Opa sind nach Seedorf gezogen.*
Willi fährt am Mittwoch für eine Woche nach Seedorf.
Schreib auf, was er jeden Tag bei Oma macht.

Beispiel:
1. Mittwoch
(ein Auto malen)

Mittwoch ist der erste Tag bei Oma.
Er malt ein Auto.

2. Donnerstag
(ein Radio basteln)

3. Freitag
(eine Uhr kaufen)

4. Samstag
(ein Haus bauen)

5. Sonntag
(Kuchen backen)

6. Montag
(eine Postkarte
schreiben)

7. Dienstag
(mit Oma schaukeln)

20

☐ **A11**   *Jörg Schmitz ist in Klasse 5 b. Er hat jeden Tag sechs Stunden.*
Lies den Text und schreib dann die Fächer in Jörgs Stundenplan.

Jörg hat fünfmal in der Woche Englisch: Montag, Mittwoch und Freitag die 2. Stunde, Dienstag und Donnerstag die 5. Stunde.

Er hat zweimal Musik: Dienstag die 6. Stunde und Mittwoch die 5. Stunde.

Deutsch hat er am Montag die 5. und 6. Stunde; am Dienstag, Mittwoch, Donnerstag und Freitag die 1. Stunde.

Mathematik hat er Montag die 1. Stunde, Dienstag und Donnerstag die 2. Stunde, Mittwoch und Freitag die 4. Stunde.

Jörg hat zweimal Erdkunde: Mittwoch die 3. Stunde und Freitag die 5. Stunde.

Sport hat er am Donnerstag die 3. und 4. Stunde.

Die 3. Stunde am Dienstag und Freitag hat er Geschichte.

Biologie hat er am Dienstag die 4. Stunde und am Donnerstag die 6. Stunde.

Am Montag die 3. und 4. Stunde hat er Kunst.

Religion hat er am Mittwoch und Freitag die 6. Stunde.

	Montag	Dienstag	Mittwoch	Donnerstag	Freitag
1.					
2.					
3.					
4.					
5.					
6.					

☐ **A13**   *Beschrifte Jörgs Hefte und Sachen.*

☐ **A14** ⟩ *Welche Bücher und Schulsachen braucht Jörg an jedem Wochentag? Schreib auf.*

Montag:

Dienstag:

Mittwoch:

Donnerstag:

Freitag:

☐ **A16** ⟩ *a) Wie findest du diese Fächer? Wähle aus und schreib auf.*

fantastisch
toll
prima

gut

ganz gut

nicht gut

blöd
doof

Das Fach…	finde ich…
Deutsch	
Englisch	
Mathematik	
Geschichte	
Erdkunde	

Das Fach…	finde ich…
Biologie	
Musik	
Kunst	
Sport	
Religion	

b) Was ist dein Lieblingsfach?

Mein

☐ **A17** ⟩ *Schreib die Hausnummern auf:*

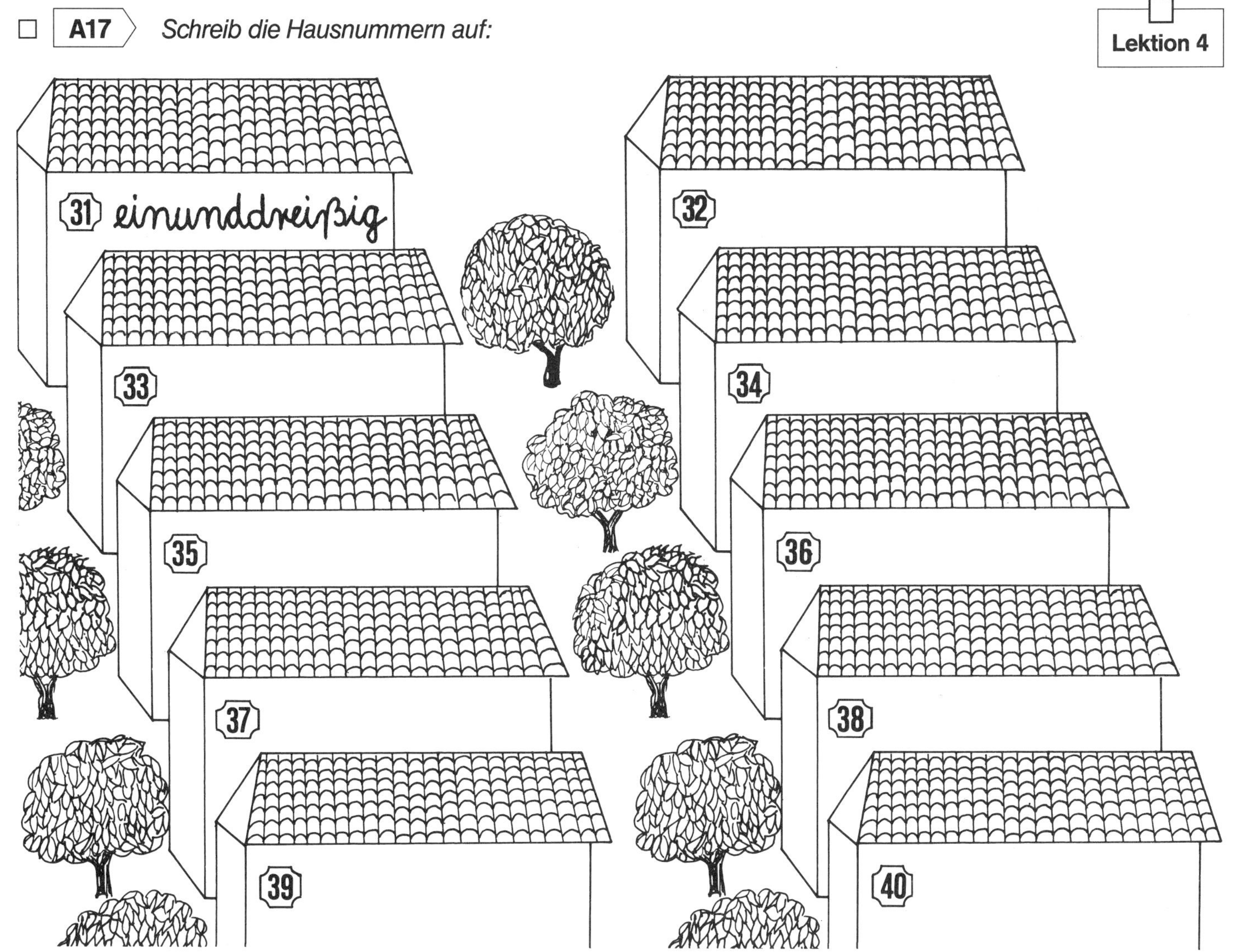

☐ **A21** ⟩ *Wie ist das Ergebnis? Rechne und schreib auf:*

	mal	durch	plus	minus	ist
drei			21		vierundzwanzig
fünf	3				
sechs	3				
neun	3				
zwölf	3				
zweiundzwanzig	3				
achtundvierzig		8			
sechsundfünfzig			21		
zweiundsiebzig		8			
hundert				12	
hundertdreizehn				12	

Lektion 4: Übungen zur Wortliste und zum schriftlichen Ausdruck

Nomen		Verben	Adjektive
das Bastelzeug	der Kuchen	backen	blöd
! Biologie	! Kunst	bauen	dick
der Bleistift	der Kuli	(blöd, toll) finden	doof
der Block	das Lieblingsfach	gießen	dünn
die Blumen *(Plural)*	das Lineal	haben	eckig
das Brot	der Malkasten	kaufen	groß
das Buch	das Malzeug	kochen	klein
das Bastelbuch	! Mathematik	kommen	kurz
das Biologiebuch	der Mittwoch	machen	lang
das Deutschbuch	der Montag	putzen	laut
das Englischbuch	! Musik	rechnen	leicht
das Erdkundebuch	der Ordner	sein	leise
das Geschichtsbuch	das Papier	schreiben	rund
das Mathematikbuch	der Pinsel	spielen	schwer
das Musikbuch	die Postkarte	turnen	
das Religionsbuch	der Radiergummi		
! Deutsch	! Religion		**andere Wörter**
der Dienstag	der Samstag		aber
der Donnerstag	die Schere		alle
! Englisch	die Schulsachen *(Plural)*		am
! Erdkunde	die Schultasche		dann
die Federtasche	der Sonntag		durch
der Filzstift	! Sport		ganz
der Freitag	die Suppe		mal
der Füller	der Tag		minus
! Geschichte	das Tuch		plus
das Heft	das Turnzeug		sondern
die Hexe	die Woche		wann
das Hexen-Einmaleins	der Wochenplan		
der Klebstoff	die Zahl		

! = Das Nomen hat (in dieser Bedeutung) keinen Artikel.

C1   *Was brauchst du dafür? Wer findet die meisten Wörter aus der Liste?*

1. Hausaufgaben in Mathematik   der Bleistift

2. Hausaufgaben in Deutsch   schreiben

3. Kunst   der Block

C2   *Hier ist Willis Stundenplan. Was ist falsch?*

Montag	Dienstag	Mittwoch	Donnerstag	Freitag
Erdlisch	Gelogie	Mathesik	Sport	Rematik
Engkunde	Muligion	Deutsch	Sport	Bioschichte
			Kunst	

C3 *Schreib Willis Stundenplan richtig auf.*

Montag	Dienstag	Mittwoch	Donnerstag	Freitag
Erdkunde				

C4 *Willi zählt die Wochentage auf. Wo ist die Reihenfolge falsch?*
Schreib die Tage richtig auf.

____

____

____

____

C5 *Welcher Tag ist das?*

Beispiel: Montag plus ein Tag ist __*Dienstag*__

1. Montag minus ein Tag ist _______________
2. Sonntag minus ein Tag ist _______________
3. Mittwoch plus ein Tag ist _______________

4. Mittwoch minus ein Tag ist _______________
5. Donnerstag minus ein Tag ist _______________
6. Dienstag plus ein Tag ist _______________

C6 *Welche Verben aus der Wortliste (S. 24) passen dazu?*

Beispiel: Brot __*backen, kaufen, machen*__

1. Suppe _______________
2. Drachen _______________
3. Blumen _______________
4. Zimmer _______________
5. Füller _______________
6. 3 mal 9 _______________

7. Postkarte _______________
8. Fahrrad _______________
9. klein _______________
10. Stundenplan _______________
11. Quatsch _______________
12. Kinder _______________
13. Haus _______________

C7 *Suche das Gegenteil und setze das passende Adjektiv ein.*

Beispiel:
   nicht groß,   sondern *klein*

1. nicht lang,   sondern _______
2. nicht _____, sondern dünn
3. nicht eckig,   sondern _______
4. nicht _______, sondern richtig
5. nicht leicht,   sondern _______
6. nicht _______, sondern laut
7. nicht dick,   sondern _______

8. nicht schlecht,   sondern _______
9. nicht _______, sondern klein
10. nicht falsch,   sondern _______
11. nicht _______, sondern leise
12. nicht gut,   sondern _______
13. nicht _______, sondern kurz
14. nicht schwer,   sondern _______

C8 *a) Das sagt Willli Frosch über sich.*
Finde eine sinnvolle Reihenfolge. Nummeriere dazu die Sätze.

○ Ich rutsche und klettere gern.
○ Ich finde Mathematik ganz gut.
○ Ich koche fantastisch Suppe.
○ Ich mache gern Quatsch.
○ Ich backe gern Kuchen.
① Ich heiße Willi Frosch.

○ Ich wohne in Froschdorf.
○ Ich mache nicht gern Hausaufgaben.
○ Brot backe ich auch gern.
○ Ich bin gut in Sport.
○ Ich bin nicht dick.
○ Ich finde Deutsch toll.

b) Schreibe über Willi

Er

A1 a) *Ergänze:*

1. zwanzig Pfennig → 0,20 DM
2. drei Pfennig
3. ← 2,25 DM
4. vier Mark zehn →
5. ← 7,18 DM
6. zehn Mark dreizehn →
7. ← 1,00 DM
8. einundzwanzig Mark →
9. ← 3,40 DM
10. vierzig Mark fünfzig →
11. ← 50,30 DM

b) *Unterstreiche die Wörter auf der Tafel in der richtigen Farbe (der = blau, die = rot, das = grün).*
Schreib sie dann unten mit Artikel in die richtige Spalte.

Schulsachen	Spielzeug	Möbel
das Heft	der Roboter	die Kommode

▲ **A3** *Schau ins Lehrbuch, S. 42-43, suche etwas aus und antworte wie im Beispiel.*

Beispiel:

Willi hat Geburtstag. Was kaufst du für Willi?
Ich kaufe den (die, das) …

1. Dixi hat Geburtstag. Was kaufst du für Dixi?

Ich kaufe

2. Milli hat Geburtstag. Was kaufst du für Milli?

3. Deine Mutter hat Geburtstag. Was kaufst du?

4. Du hast Geburtstag. Was möchtest du?

▲ **A4** *Bilde wie im Beispiel Sätze mit dem Schüttelkasten.*

Ich	nehme	will	möchte	den Füller.
				den Malkasten.
				den Werkzeugkasten.
Du	nimmst	willst	möchtest	die Eisenbahn.
				die Puppe.
Er Sie	nimmt	will	möchte	die Schere.
				das Deutschbuch.
				das Fahrrad.
Sie	nehmen	wollen	möchten	das Turnzeug.

Beispiele:

Inge bastelt gern. *Sie nimmt die Schere.*
Peter baut gern. *Er will den Werkzeugkasten.*
Du hast Geburtstag. *Du möchtest das Fahrrad.*

1. Ich male gern.

2. Jörg und Inge machen Hausaufgaben.

3. Du schreibst Oma eine Postkarte.

4. Willi baut ein Regal.

5. Du hast 100 Mark.

6. Maria und Hubert haben Sport.

7. Ich bastele gern.

8. Milli hat Geburtstag.

Oder findest du den teuer?	Ja, den kaufe ich.
Schau mal!	Ich habe 50 Mark von Opa.
Ich möchte den Werkzeugkasten.	Und hier ist dein Werkzeugkasten. Auf Wiedersehen!

Guten Tag.

Guten Tag. Ja, bitte? Was möchtest du?

____

Den für 25 Mark 90 oder den für 47 Mark 80?

Ach, der für 25 Mark 90 ist ja so klein!

Dann nimmst du den für 47 Mark 80.

Nein, der ist prima.

Willst du den Werkzeugkasten für 47 Mark 80?

____

Also, 47 Mark 80, bitte.

Hier sind 50 Mark.

Hier hast du 2 Mark 20 zurück.

____

b) *Du hast 50 Mark von Oma und willst Spielzeug kaufen. Wähle unten aus und schreib ein Gespräch wie in a) in dein Heft.*

Puppe	Roboter	Flugzeug
DM 29,50 DM 32,90 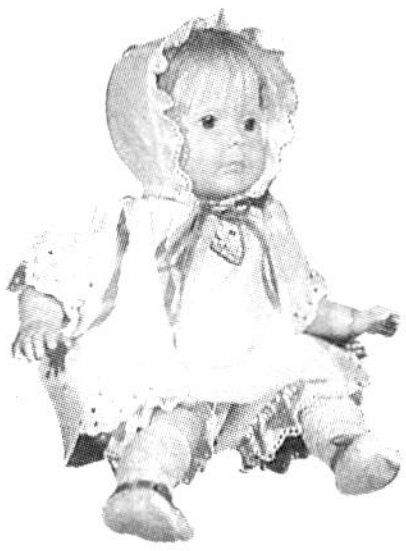	 DM 26,90 DM 45,50	DM 18,75 DM 31,25 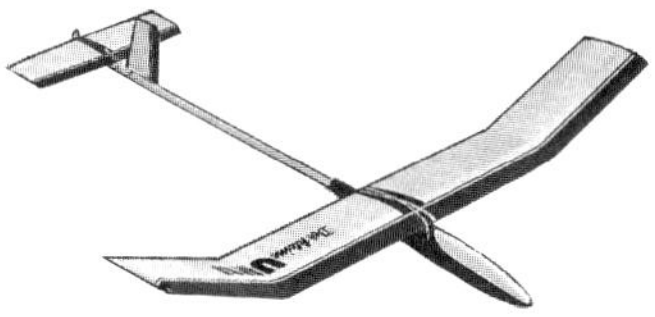

▲ **A6** *Ist das wirklich der Kalender von Willi?*
Koko macht alles falsch. Du weißt es besser. Schreib es richtig in dein Heft.

Im Januar baut Willi den Drachen.
Willi feiert Ostern im Februar.
Im März pflanzt Willi den Schneemann.
Weihnachten feiert Willi im April.
Im Mai pflückt er Eis.
Im Juni kauft Willi Ferien.
Die Schule schwimmt im Juli.
Willi hat im August Geburtstag.
Karneval beginnt im September.
Im Oktober baut Willi Blumen.
Im November feiert Willi Ferien.
Willi feiert im Dezember Blumen.

▲ **A7** *a) Setze Wochentage, Monatsnamen und Jahreszeiten ein:*

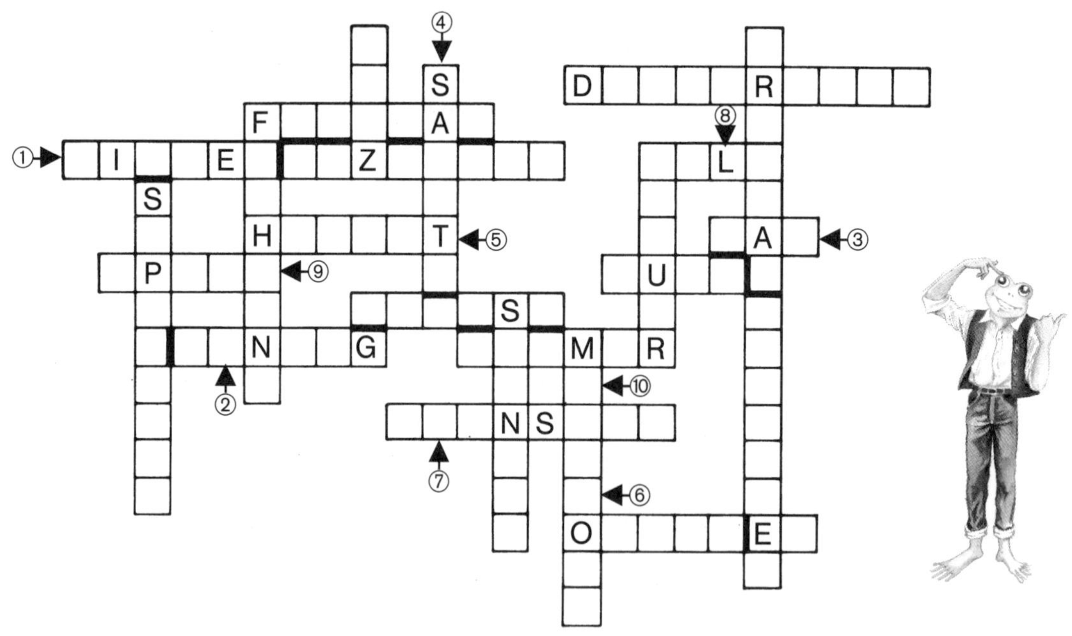

Trage hier die Lösung ein.
Die Lösung heißt:

b) Trage die Namen der Wochentage, Monate und Jahreszeiten in die richtigen Spalten ein.

Wochentage	Monate	Jahreszeiten
Montag,	Januar,	

A11 a) Was schreibt Willi in sein Heft?
Ergänze nach Willis Geburtstagskalender.

Meine Familie
Mein Vater hat am 17. 2. Geburtstag.
Meine Mutter

b) Was kannst du über deine Familie erzählen?
Schreib in dein Heft.

▲ A12 *Wie spät ist es? Schreib die Uhrzeit auf.*

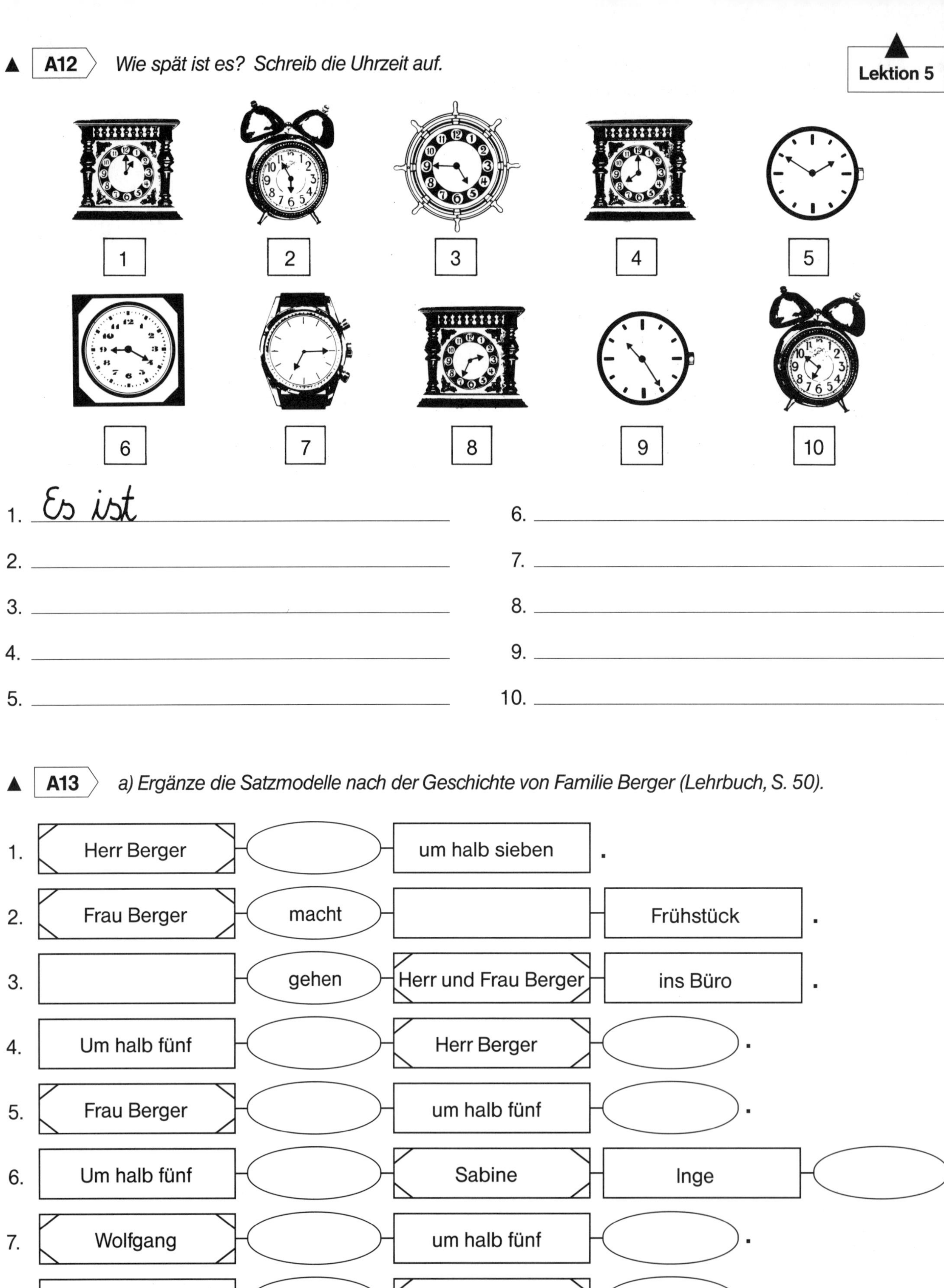

1 2 3 4 5

6 7 8 9 10

1. *Es ist* ________________________

2. ________________________

3. ________________________

4. ________________________

5. ________________________

6. ________________________

7. ________________________

8. ________________________

9. ________________________

10. ________________________

▲ A13 *a) Ergänze die Satzmodelle nach der Geschichte von Familie Berger (Lehrbuch, S. 50).*

1. Herr Berger | | um halb sieben .

2. Frau Berger | macht | | Frühstück .

3. | gehen | Herr und Frau Berger | ins Büro .

4. Um halb fünf | | Herr Berger | .

5. Frau Berger | | um halb fünf | .

6. Um halb fünf | | Sabine | Inge | .

7. Wolfgang | | um halb fünf | .

8. Um halb neun | | Herr und Frau Berger | .

9. Herr Berger | | um zehn Uhr | .

b) Was ist hier falsch?
   Unterstreiche zuerst, was falsch ist. Schau dazu ins Lehrbuch, Seite 50.
   Schreib dann die Geschichte richtig in dein Heft.

Ein Montag bei Familie Berger

Es ist Montag bei Familie Berger. <u>Um halb sieben</u> frühstücken alle. Um halb acht gehen Herr und Frau Berger in die Schule, und Wolfgang und Sabine gehen ins Büro.

Herr Berger hat um elf Deutsch, und Sabine hat Erdkunde.

Um halb fünf macht Frau Berger das Essen, und Sabine und Wolfgang machen Hausaufgaben. Herr Berger geht um halb fünf weg.

Um halb neun gehen Herr und Frau Berger ins Bett, und Sabine und Wolfgang sehen fern.

Um zehn Uhr lesen Sabine und Wolfgang, und Herr und Frau Berger schlafen.

▲ **A14** *Was machst du wann? Beschreibe deinen Tagesablauf.*
Verwende dazu die folgenden Verben:

aufstehen – frühstücken – in die Schule gehen – zurückkommen – Hausaufgaben machen

spielen – fernsehen – ins Bett gehen

Zeichne hier die Uhrzeit ein:

Ich stehe um ________________________ auf.

Um ________________________ frühstücke ich.

Ich ________________________

Um ________________________

Ich ________________________

Um ________________________

Ich ________________________

Um ________________________

▲ **A15** a) *Was macht Willi wann?*
Schreib Sätze jeweils mit der Uhrzeit und der Tageszeit.
Verwende dazu die Wörter aus dem Kasten.

> macht Sport – kocht Suppe – spielt Fußball – schwimmt
> gießt Blumen – räumt auf – sieht fern – geht ins Bett

Das Beispiel zeigt dir dafür verschiedene Möglichkeiten.

Beispiel: 1. Um zehn Uhr morgens macht Willi Sport.
2. Morgens um zehn Uhr macht Willi Sport.
3. Willi macht um zehn Uhr morgens Sport.

1. ____

2. ____

3. ____

4. ____

5. ____

6. ____

7. ____

8. ____

b) *Stelle deinen Mitschülern wie im Beispiel acht Fragen nach ihrem Tagesablauf.*
Schreib die Fragen in dein Heft.

Beispiel: Wann stehst du auf?
Was machst du um sieben Uhr?
Was machst du nachmittags?

▲ **A17** > *Was weißt du über Brigittes Geburtstag?*
Schau dazu ins Lehrbuch, S. 52-53.
Schreib die Antworten in dein Heft.

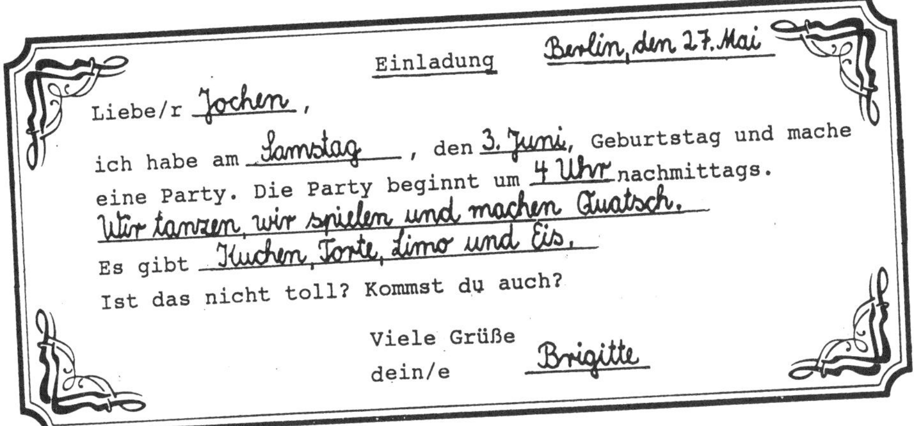

1. Wo wohnt Brigitte?
2. Wann hat Brigitte Geburtstag?
3. Wann beginnt die Party?
4. Was machen die Kinder?
5. Was gibt es?
6. Wer kommt um halb fünf?
7. Wie findet das Mädchen den Herd?
8. Wie findet Brigitte den Malkasten?
9. Wie heißt die Mutter von Brigitte?

▲ **A19** > *Ergänze die fehlenden Verbformen.*

	ich	du	er/sie/es	wir	ihr	sie
sein				sind		
wollen	will					
haben		hast				
essen			isst			
anrufen					ruft an	
möcht-	möchte					
fernsehen						sehen fern
nehmen			nimmt			
lesen		liest				
schlafen			schläft			

▲ **A21** *Ergänze den Dialog.*

Beispiel:

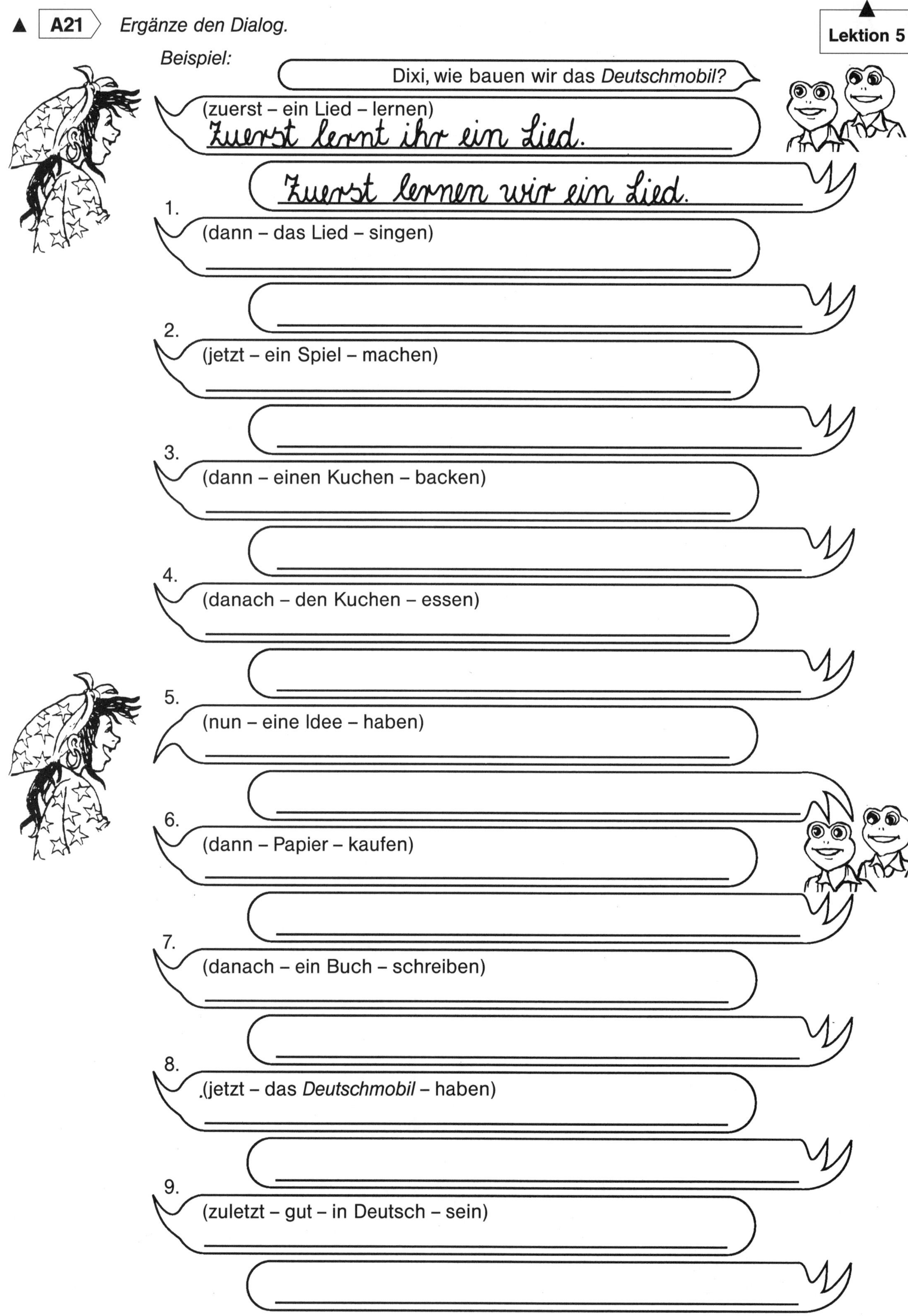

Nomen		Verben	Adjektive
der April	die Mark	anrufen	billig
der August	der März	antworten	herzlich
das Auto	das Mobil	arbeiten	teuer
die Burg	der Monat	aufräumen	
das Büro	der November	aufstehen	**andere Wörter**
der Dezember	der Oktober	beginnen	
der Drachen	die Oma	besuchen	
die Einladung	! Ostern	duschen	abends
das Eis	die Party	einkaufen	erst
die Eisenbahn	die Pause	essen	im
das Essen	der Pfennig	feiern	jetzt
der Februar	die Puppe	fernsehen	mittags
die Ferien *(Plural)*	das Puppenhaus	fragen	morgens
das Flugzeug	das Raumschiff	frühstücken	nach
der Frühling	der Roboter	gehen	nachmittags
das Frühstück	das Schiff	hören	nachts
der Fußball	der Schneemann	kaufen	schon
der Geburtstag	die Schule	kosten	sehr
die Gießkanne	der September	kriechen	spät
der Glückwunsch	der Sommer	lachen	um
der Herbst	der Spaß	lernen	vor
der Herd	das Spiel	lesen	vormittags
der Herr	die Stunde	möcht-	wieder
die Idee	der Teddy	nehmen	zuerst
der Januar	die Torte	pflanzen	zuletzt
der Juni	die Uhrzeit	pflücken	
der Juli	das Viertel	sagen	
der Kalender	! Weihnachten	schlafen	
der Karneval	der Werkzeugkasten	schwimmen	
das Lied	der Winter	singen	
die Limo		weggehen	
der Mai		zurückkommen	

! = Das Nomen hat (in dieser Bedeutung) keinen Artikel.

C1   *Was für Spielzeuge sind das?*

1. Auburg = *ein Auto und eine Burg*

2. Moherd =

3. Schiffbil =

4. Spielto =

5. Raumhaus =

6. Robozeug =

7. Fußkasten =

8. Eisenball =

9. Teddybahn =

10. Werkzeughaus =

C2 *Welche Monate gehören zu den Jahreszeiten?*

1. der Frühling: ___________________________

2. der Sommer: ___________________________

3. der Herbst: ___________________________

4. der Winter: ___________________________

C3 *Was machst du …? Welche Verben aus der Liste passen dazu?*

1. im Dezember: ___________________________

2. im August: ___________________________

3. im Februar: ___________________________

4. im Oktober: ___________________________

5. im Juni: ___________________________

6. im April: ___________________________

C4 *Wann machst du das? Gib die Tageszeit an.*

1. duschen *morgens* ___________

7. frühstücken ___________

2. fernsehen ___________

8. essen ___________

3. schlafen ___________

9. in die Schule gehen ___________

4. lesen ___________

10. aufräumen ___________

5. lernen ___________

11. spielen ___________

6. schwimmen ___________

12. einkaufen ___________

C5 *Was passt zusammen? Kreuze an und schreib in dein Heft wie im Beispiel.*

	bauen	feiern	machen	haben	singen	lesen	essen	sagen
Ferien			✕	✕				
einen Drachen								
den Schneemann								
den Geburtstag								
den Kalender								
Pause								
die Party								
Karneval								
das Frühstück								
eine Idee								
die Uhrzeit								
das Lied								
Ostern								
Eis								
eine Einladung								
Weihnachten								
Torte								

Beispiel: Ferien machen, Ferien haben

C6 *Suche aus der Verbliste die 7 trennbaren Verben heraus:*

1. _______________________

2. _______________________   5. _______________________

3. _______________________   6. _______________________

4. _______________________   7. _______________________

C7 *Setze ein, was fehlt.*

Dixi steht morgens um 6 Uhr __________ . Vormittags räumt sie das Zimmer __________ .

Mittags geht sie __________ und kauft __________ . Nachmittags kommt sie __________ .

Um 7 Uhr ruft sie Willi __________ . Willi kommt um 8 Uhr, und dann sehen Willi und

Dixi __________ .

C8 *Ist das billig oder teuer? Schreib auf.*

1. eine Postkarte _______________   6. eine Schultasche _______________

2. ein Fahrrad _______________   7. ein Brot _______________

3. ein Auto _______________   8. ein Werkzeugkasten _______________

4. eine Puppe _______________   9. eine Schere _______________

5. eine Eisenbahn _______________   10. ein Bleistift _______________

C9 *Verbinde, was zusammenpasst und schreib dann die Satzpaare in dein Heft.*

1. Milli steht schon
   um 6 Uhr auf.

2. Dixi ruft Willi
   schon morgens an.

3. Willi geht schon
   um halb neun ins Bett.

4. Milli macht schon
   um 7 Uhr Frühstück.

5. Milli geht schon
   um 8 Uhr ins Bett.

6. Willi macht schon
   am Mittwoch eine Torte.

A. Aber Willi kommt erst mittags zurück.

B. Aber Milli hat erst am Samstag Geburtstag.

C. Aber Milli geht erst um 8 in die Schule.

D. Aber Milli und Willi frühstücken erst um 8.

E. Aber Milli schläft erst um 10.

F. Aber Willi macht erst abends um 8 Hausaufgaben.

C10 Brigitte hat am Samstag Geburtstag.
Was machen Frau Schulz und Brigitte vor dem Geburtstag?
Kreuze an: Wer macht was?

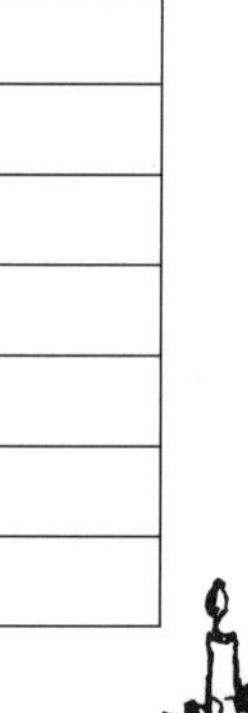

	Brigitte	Frau Schulz	Brigitte und Frau Schulz
1. Torte machen			
2. Kuchen backen			
3. das Kinderzimmer aufräumen			
4. einkaufen			
5. das Essen kochen			
6. Limo kaufen			
7. die Einladung schreiben	✕		
8. Eis kaufen			

C11 a) Was machen sie zuerst? Was machen sie danach?
Trage die Nummern ein.

zuerst	dann	jetzt	danach	dann	jetzt	danach	zuletzt
7							

b) Schreib nun auf, was Brigitte und Frau Schulz vor dem Geburtstag machen:

Zuerst schreibt

Nashorn	grau	3000 kg	gefährlich	kann laufen	frisst Pflanzen
Zebra					
Affe					
Krokodil					
Elefant					
Papagei					
Robbe					
Schlange					
Tiger					

Das Krokodil kann gut schwimmen.
Der Affe
Der Papagei
Das Nashorn
Der Tiger
Die Robbe
Die Schlange
Das Zebra
Der Elefant

b) Lies das Interview und kreuze an, was die Kinder können.

	Susi	Gabi	Ralf	Uwe	Markus	Ina	Detlef	Willi
kann gut tauchen								
kann viel essen								
kann toll kochen								
kann Quatsch machen								
kann prima Fußball spielen								
kann schnell rechnen								
kann Fahrrad fahren								
kann sehr schnell laufen								

c) Schreib nun in dein Heft, was die Kinder besonders gut können:

1. Susi kann

d) Und du? Was kannst du besonders gut?

Ich ...

e) Können sie das wirklich?
Schreib Sätze wie im Beispiel in dein Heft.

Beispiel: Elefant – Fahrrad fahren?

Ein Elefant kann nicht Fahrrad fahren, sondern laufen.

1. Papagei – Hausaufgaben machen?
2. Willi – fliegen?
3. Krokodil – klettern?
4. Roboter – rauchen?
5. Flamingo – Brot backen?
6. Bär – fernsehen?
7. Robbe – aufräumen?

△ **A5** *Für welche Tiere trifft das zu?*
Schau ins Zoobild (Lehrbuch, S. 63) und setze die richtigen Pluralformen ein.

Beispiel:

1. *Elefanten, Nashörner, Giraffen, Bären, Tiger, Löwen, Robben und Krokodile sind schwer.*

2. ______________________________ *sind klein.*

3. ______________________________ *sind gefährlich.*

4. ______________________________ *kommen aus Afrika.*

5. ______________________________ *kommen aus Amerika.*

6. ______________________________ *kommen aus Asien.*

7. ______________________________ *fressen Fleisch.*

8. ______________________________ *fressen Pflanzen.*

9. ______________________________ *sind groß.*

10. ______________________________ *können schwimmen.*

Hausaufgabe

Beispiele: Katze – Maus – alt
Die Katze kann 15 Jahre alt werden.
Die Maus kann <u>aber</u> <u>nur</u> 5 Jahre alt werden.

Affe – Papagei – groß
Der Affe kann 2 m groß werden.
Der Papagei kann <u>aber</u> <u>nur</u> 80 cm groß werden.

1. Krokodil – Wolf – alt

2. Schlange – Tiger – lang

3. Elefant – Nashorn – schwer

4. Bär – Löwe – alt

5. Krokodil – Robbe – lang

6. Robbe – Zebra – schwer

△ **A10** › *Was können sie alles?*
Verbinde und trage dann die Sätze in die Satzmodelle ein.

Beispiel: ein Tiger ●

1. Kängurus ●
2. wir ●
3. Peter ●
4. ich ●
5. du ●
6. Robben und Krokodile ●
7. Herr Berger ●
8. Willi und Milli ●
9. ihr ●

● hoch springen
● das Tanzlied singen
● laut fauchen
● schnell gehen
● toll kochen
● gut aufräumen
● gut rechnen
● gut klettern
● prima schwimmen
● Deutsch lesen

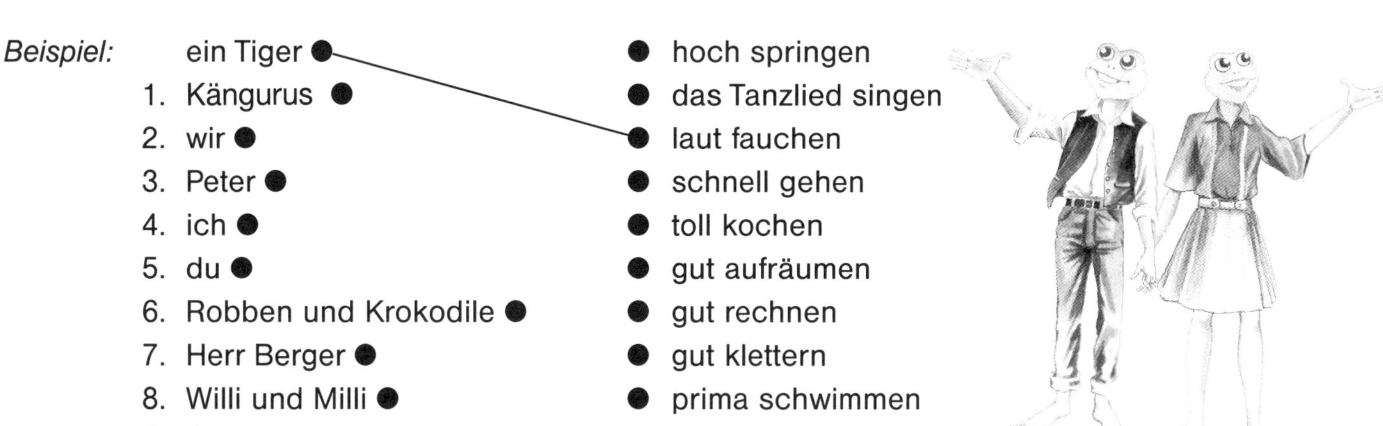

Beispiel:

Ein Tiger — kann — laut — fauchen.

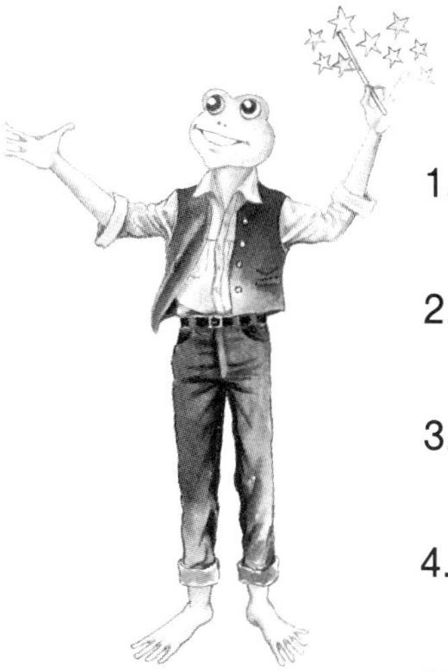

1. — können —
2.
3.
4.
5.
6.
7.
8.
9.

A11 a) *Fragen an den Zoodirektor.*
Die Klasse von Frank ist im Zoo. Die Kinder haben viele Fragen an den Direktor.
Was fragen die Kinder? Ergänze die Sprechblasen mit Hilfe der Antworten des Direktors.

1.

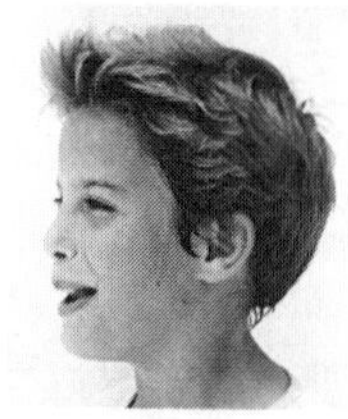

Meine Frau füttert das Affenkind.

2.

Der Leopard kommt aus Afrika.

3.

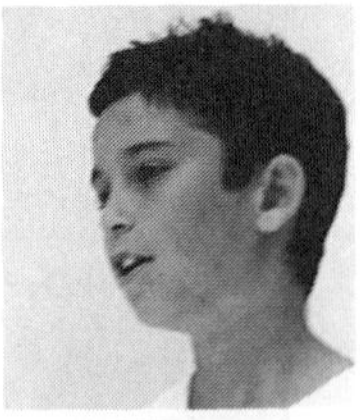

Das Elefantenkind heißt Jumbo.

4.

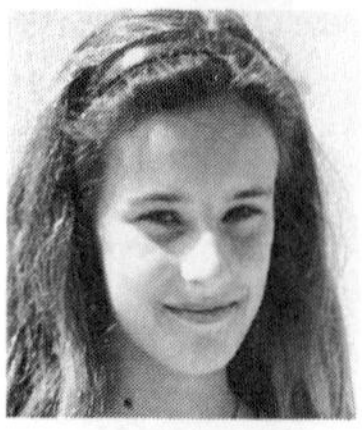

Ich wohne im Zoo.

5.

Täglich ist die Robbenfütterung.

6.

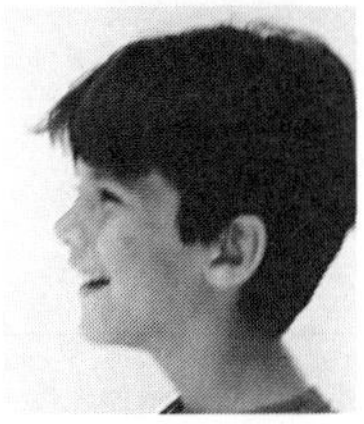

Kängurus fressen Pflanzen.

b) Ergänze die Satzmodelle nach deinem Stundenplan.
   Was hast du montags, dienstags, mittwochs, donnerstags, freitags, samstags, sonntags?

Beispiel:

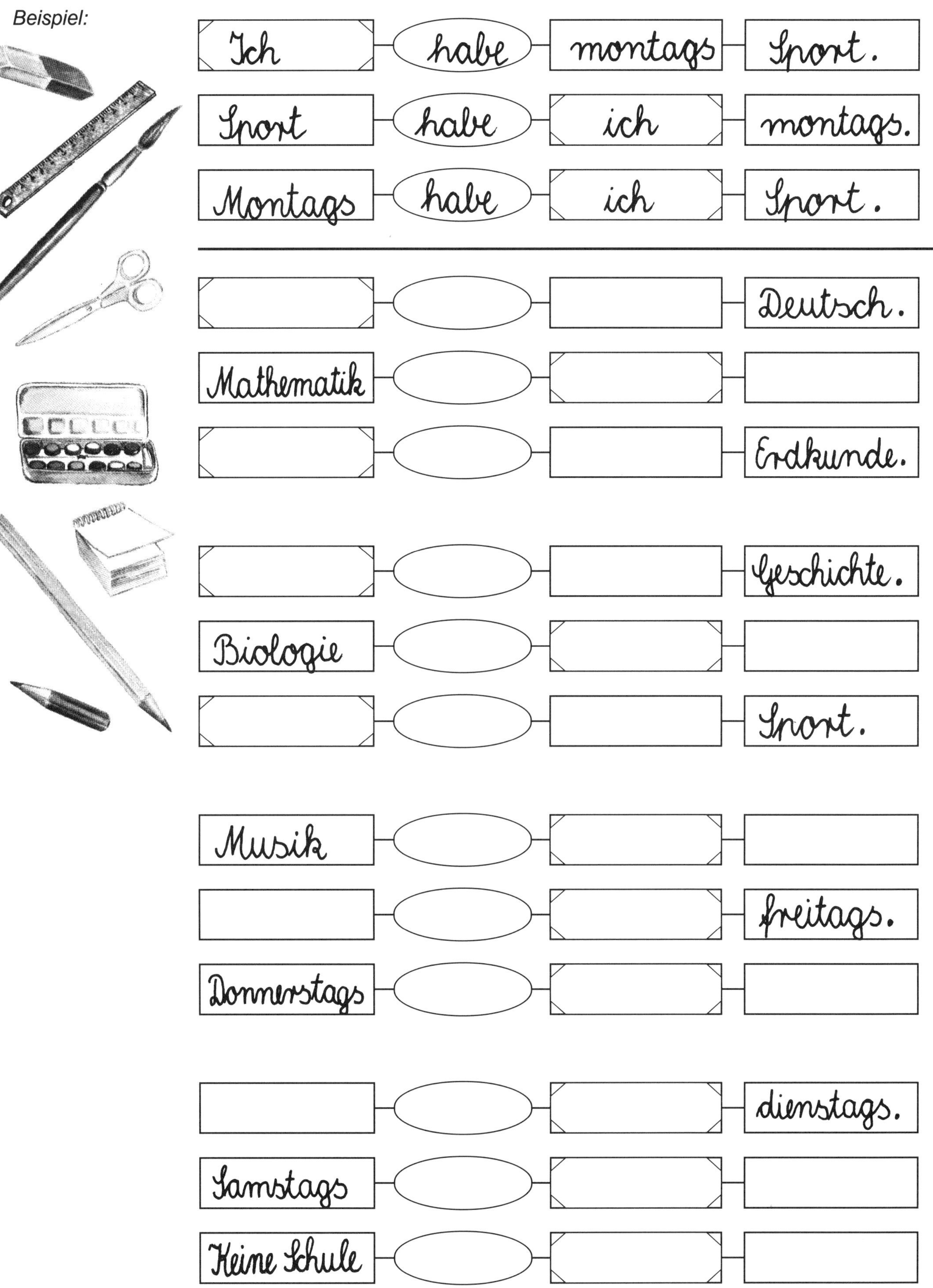

Tiere komisch

△ **A13** *Hier sind lauter Zootiere. Was sagen sie wohl? Schreib in die Sprechblasen.*

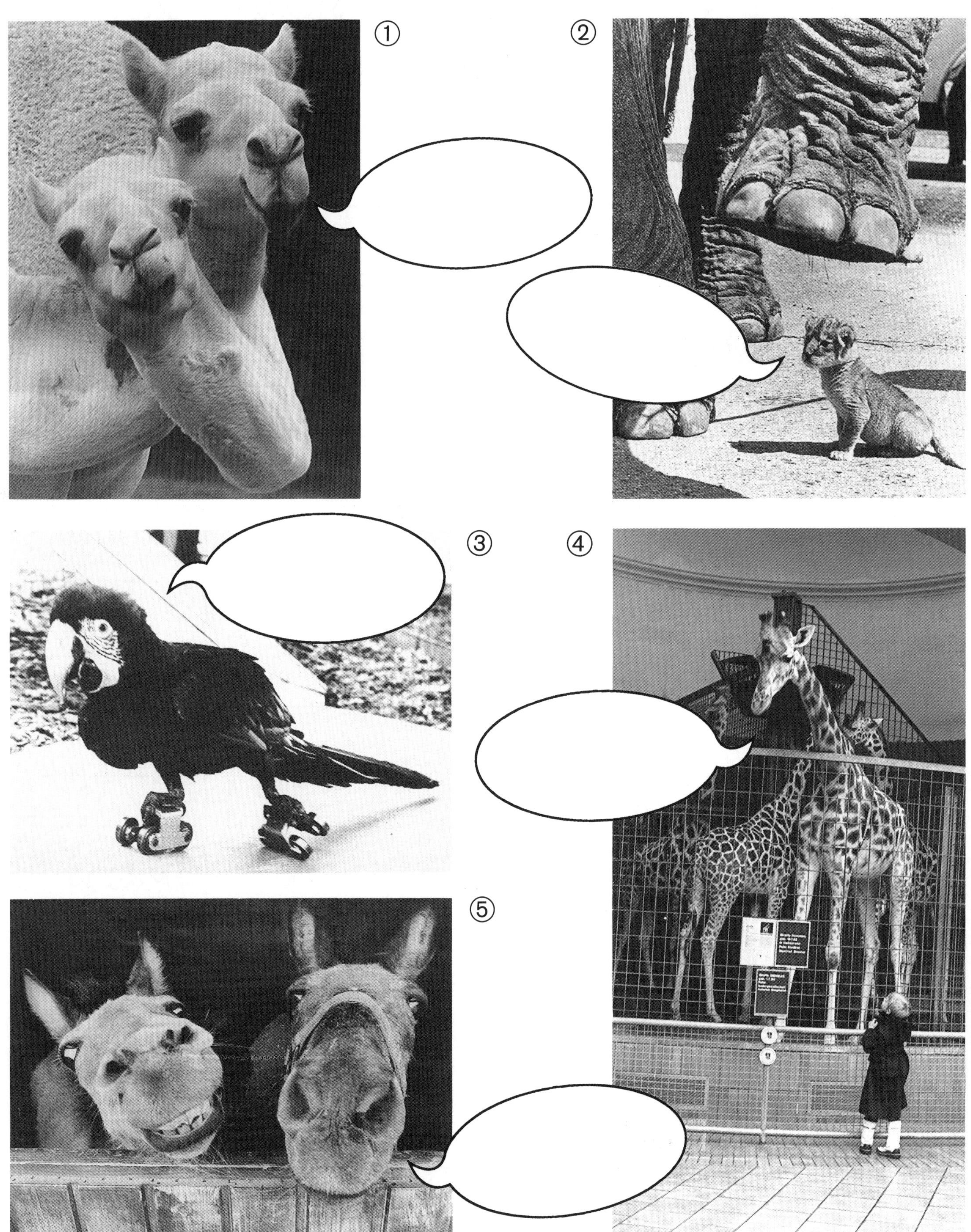

Lektion 6: Übungen zur Wortliste und zum schriftlichen Ausdruck

Nomen (Singular und Plural)		Verben	Adjektive
der Adler (-)	der Meter (-)	aufdrehen	blau
der Affe (-n)	die Nase (-n)	beobachten	braun
! Afrika	das Nashorn (⸚er)	bleiben	breit
! Amerika	das Ohr (-en)	fauchen	gelb
die Antwort (-en)	der Papagei (-en)	fressen	gefährlich
! Asien	die Pflanze (-n)	hochheben	grau
! Australien	die Robbe (-n)	können	grün
der Bär (-en)	der Rüssel (-)	laufen	orange
der Baum (⸚e)	die Schlange (-n)	liegen	rot
das Bein (-e)	der Schwanz (⸚e)	Lust haben	schnell
der Besen (-)	der Stoßzahn (⸚e)	öffnen	schwarz
der Eimer (-)	das Tier (-e)	rauchen	stark
der Eisvogel (⸚)	das Tierbuch (⸚er)	robben	weiß
der Elefant (-en)	der Tierfreund (-e)	sauber machen	
! Europa	das Tierlexikon	sehen	**andere Wörter**
der Flamingo (-s)	der Tiger (-)	tauchen	
das Fleisch	die Tür (-en)	tragen	aus
die Fütterung (-en)	der Wärter (-)	werden	bis
die Giraffe (-n)	der Wasserhahn (⸚e)	ziehen	dienstags
! Indien	der Wolf (⸚e)		donnerstags
das Kamel (-e)	das Zebra (-s)		freitags
das Känguru (-s)	die Zeit (-en)		gar nicht
die Kiste (-n)	die Zirkusnummer (-n)		heute
das Krokodil (-e)	der Zoo (-s)		mittwochs
der Löwe (-n)			montags
			nur
			pro (Stunde)
			samstags
			sicher
			sonntags
			täglich
			woher

C1 *Welche Wörter aus der Liste passen dazu?*

1. Zootiere: die Affen,

2. Zoo: der Eimer,

3. Erdkunde: Afrika,

4. Farben: blau,

5. täglich: montags,

C2 Was kannst du da beobachten? Kreuze an und schreib ins Heft wie im Beispiel.

	in Australien	im Zoo	in Afrika	in Indien
Giraffen		✕	✕	
Kängurus				
Elefanten				
Löwen				
Tiger				
Robben				
Tierfütterungen				

Beispiel: *Giraffen kann ich nur im Zoo und in Afrika beobachten.*

C3 Welche Verben aus der Liste passen dazu?

1. Kamel: *beobachten,*

2. Tiger: _______________

3. Tierbuch: _______________

4. Wasserhahn: _______________

5. Tür: _______________

6. Baum: _______________

7. Zimmer: _______________

8. Kiste: _______________

9. Robbe: _______________

C4 Hast du Lust dazu? Hast du keine Lust dazu? Schreib links oder rechts auf.

	Ich habe Lust dazu:	Ich habe keine Lust dazu:
im Winter schwimmen		
ein Tierbuch lesen		
eine Burg bauen		
Affen beobachten		
Hausaufgaben machen		
einen Brief schreiben		
Karneval feiern		
einkaufen		
aufräumen		
sauber machen		

C5 *Schreib über dein Lieblingstier im Zoo.*
Schreib zu jeder Frage mindestens einen Satz.
Male dann dein Lieblingstier.

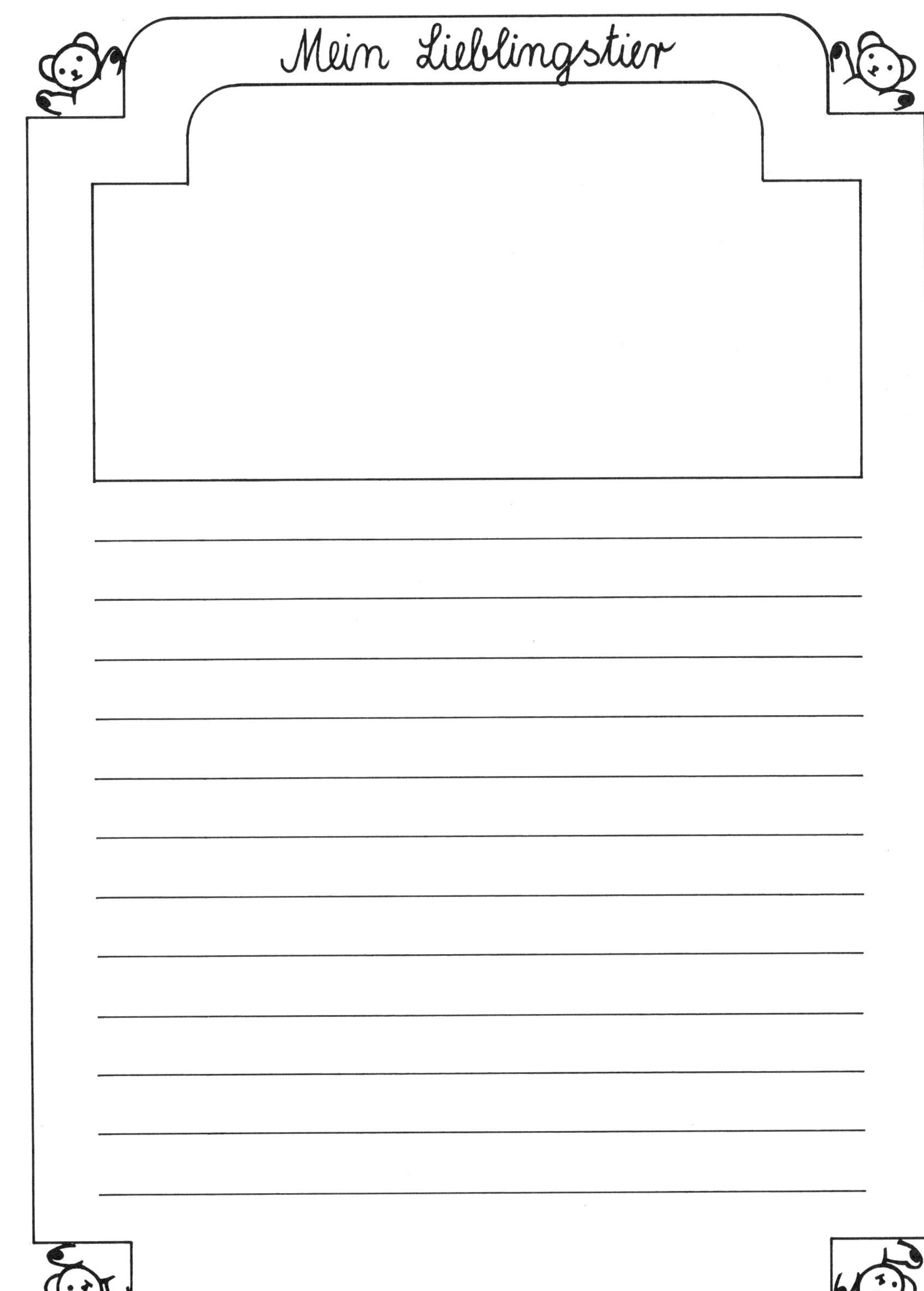

1. Was ist dein Lieblingstier?

2. Woher kommt dein Lieblingstier?

3. Wie ist dein Lieblingstier? (schwer, lang, groß, grün, ...)

4. Was kann dein Lieblingstier?

5. Was frisst dein Lieblingstier?

6. Wie alt kann dein Lieblingstier werden?

◆ **A2** *Hilf Jürgen Krause bei der Korrektur seines Zeitungsberichts.*
Setze die richtigen Angaben aus dem Text
über Zirkus Zimpanelli ein (Lehrbuch, S. 74).

ZIRKUS ZIMPANELLI KOMMT
von Jürgen Krause

HAMBURG, den 6. August

Von Freitag bis Mittwoch ist Zirkus Zimpanelli in Hamburg. Der Zirkus
ist schon _______________ Jahre alt und gehört ___________________
Zimpanelli.

Im Sommer arbeiten ___________________ Leute bei Zirkus Zimpanelli
und machen Vorstellungen überall in Europa.

In Deutschland sind sie _______________ Monate im Jahr. Unterricht
haben die Zirkuskinder im Winter _________________________________.

Der Zirkusdirektor ist _____________________ Zimpanelli. Er zeigt die
_____________________. Im Programm gibt es __________ Nummern.

Fünf Raubtiere zeigen die Raubtiernummer. Die Seilnummer __________

_____________________. _____________________ und _____________

über das Seil. _____________________________ machen Musik.

Die Clowns sehen _____________________ aus und _______________

_____________________. Blasius Oreganus ist der _______________.

Er hat einen Zauberdrachen. Der sieht _____________________ aus.

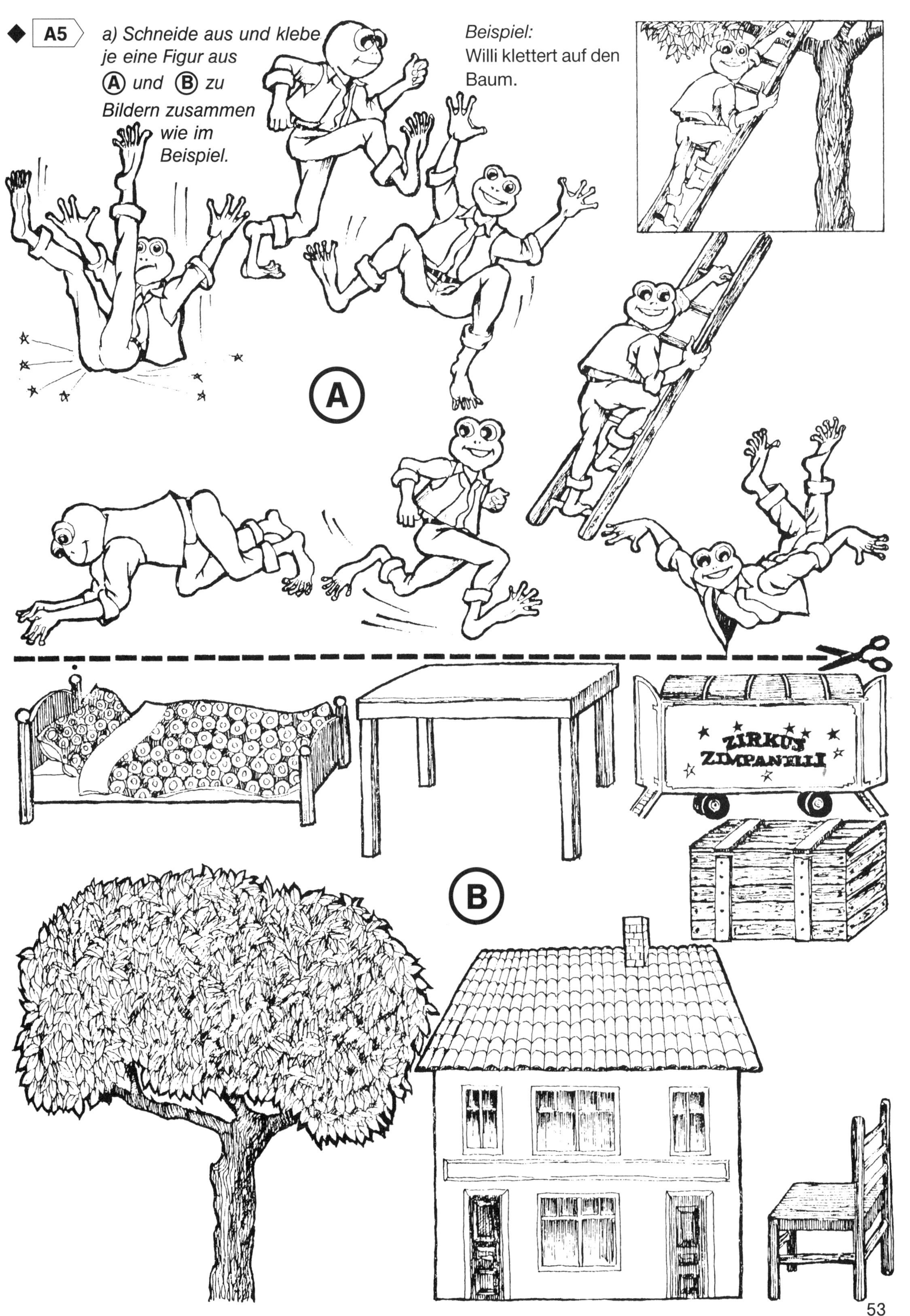

◆ **A5** a) *Schneide aus und klebe je eine Figur aus* Ⓐ *und* Ⓑ *zu Bildern zusammen wie im Beispiel.*

Beispiel:
Willi klettert auf den Baum.

Ⓐ

Ⓑ

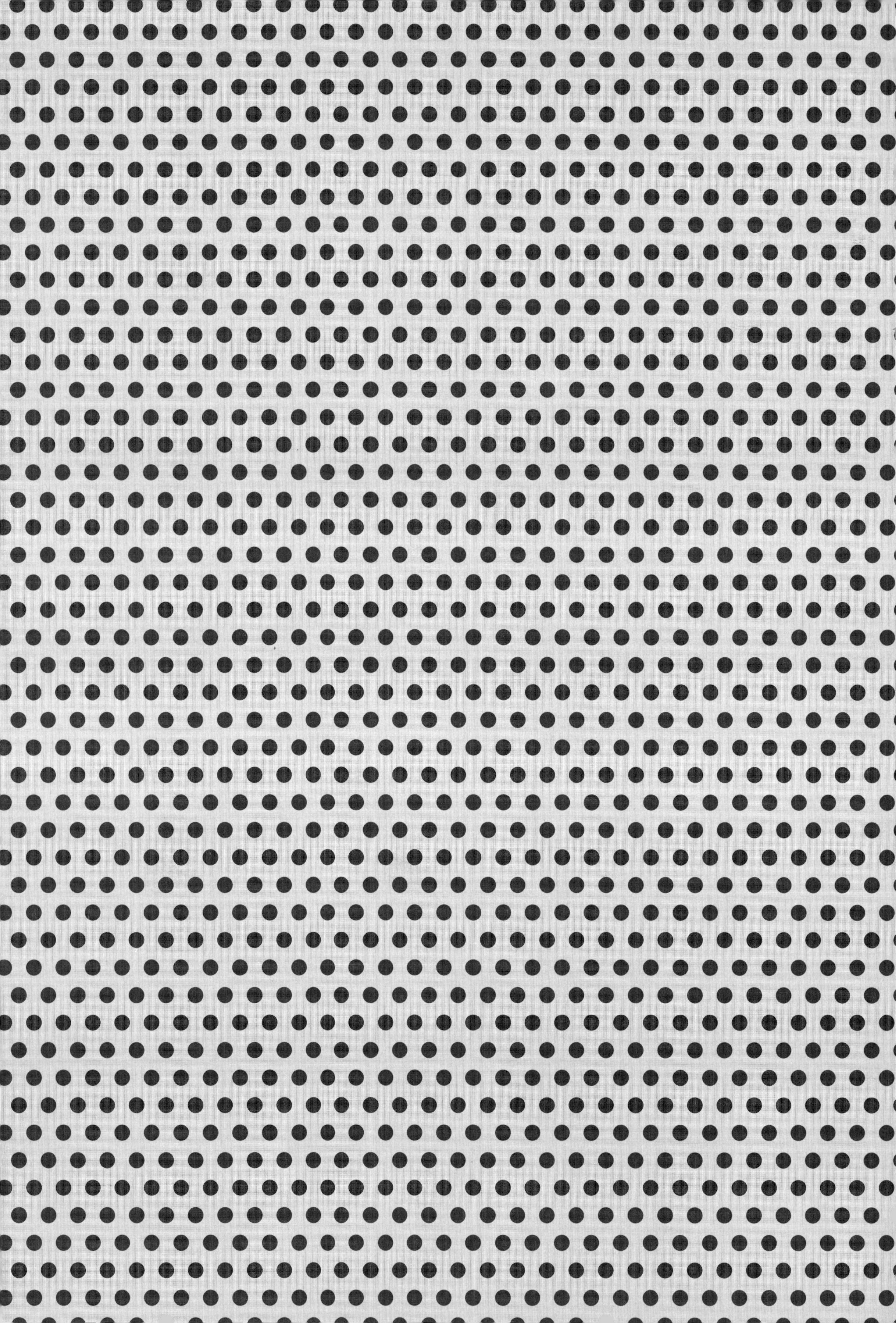

b) Schau dir deine Bilder an und schreib dazu Sätze auf.
Der Schüttelkasten hilft dir dabei.

Willi	klettert springt fällt läuft kriecht fliegt steigt	auf über unter vor hinter neben durch in	den die das	Zirkuswagen. Stuhl. Baum. Tisch. Kiste. Bett. Haus.
		ins	

Wohin klettert, springt, fällt, kriecht, fliegt, steigt Willi?

1. ____
2. ____
3. ____
4. ____
5. ____
6. ____
7. ____

◆ **A6** *Wohin* kommen die Sachen? Verwende die Präpositionen: **in – unter – auf.**

Beispiel: die Puppe (das Puppenhaus, der Herd, das Schiff)

Die Puppe kommt ins Puppenhaus.

1. der Teddy (die Schultasche, das Flugzeug, das Bett)

____

2. der Kuli (der Malkasten, die Federtasche, der Eimer)

____

3. das Buch (das Regal, die Badewanne, der Zoo)

____

4. das Wasser (der Schrank, die Kiste, der Eimer)

____

5. der Teppich (das Bett, das Radio, die Uhr)

____

6. der Löwe (das Haus, die Kommode, der Zoo)

____

7. der Kuchen (der Tisch, das Fahrrad, das Radio)

____

8. die Lampe (der Malkasten, die Kommode, die Suppe)

____

9. der Tisch (der Stuhl, der Werkzeugkasten, der Teppich)

____

◆ **A8** a) *Was sagt der Lehrer zu Ralf? Was sagt der Lehrer zur Klasse?*
Fülle die Tabelle aus.

klettern	Klettere!	Klettert!
laufen		
springen		
schreiben		
aufpassen		
leise sein		
rausgehen		
den Ball werfen		
das Buch nehmen		
die Zeitung lesen		
reinkommen		
die Tür zumachen		
das Heft aufmachen		
aufstehen		
das Licht anmachen		
das Licht ausmachen		
schnell machen		
fragen		
zeigen		
den Füller festhalten		

b) Hier sind die Notizen von Ernesto Zimpanelli. Was sagt er zu seiner Sekretärin?
   Schreib auf.

1. den Schreibtisch aufräumen
2. Fleisch einkaufen
3. die Hamburger Zeitung anrufen
4. den Bericht schreiben
5. das Programm schreiben
6. Blumen kaufen
7. Um 5 Uhr das Büro zumachen

1. Räumen Sie bitte den Schreibtisch auf!
2. ____
3. ____
4. ____
5. ____
6. ____
7. ____

A11 *Schreib den Dialog im Heft weiter wie im Beispiel.*
Beispiel:

(essen)

(spielen)

1. Hausaufgaben machen / schwimmen
2. rechnen / Dixi besuchen
3. Deutsch machen / mit Milli spielen
4. Oma anrufen / basteln
5. den Brief schreiben / Zaubertricks machen
6. leise sein / Musik hören
7. aufräumen / Fahrrad fahren
8. ins Bett gehen / fernsehen
9. zuhören / ins Bett gehen

◆ **A12** Schreib einen Bericht über die Zirkusschule in dein Heft.
Hier sind die Notizen.

die Zirkuskinder / die Zirkusschule (gehen)
Frau Rinke / die Lehrerin (sein)
die Kinder / alle Fächer (durchnehmen)
die Lehrerin / immer Hausaufgaben (aufgeben)
die Lehrerin (helfen und erklären)
die Schule / ein Zirkuswagen (sein)
die Schule / durch ganz Europa (fahren)
die Kinder / gern Sport (machen)
die Kinder / alle ein Musikinstrument (spielen)

◆ **A13** *Wie soll deine Lehrerin / dein Lehrer sein? Wähle aus und schreib in dein Heft.*

Beginne mit: Meine Lehrerin soll... oder Mein Lehrer soll...

◆ **A14** *Zappo und Zippo streiten sich immer noch.*
Ergänze die fehlenden Adjektive in der passenden Form.

1. Ich kann ____________ singen, viel schöner als du.

   Nein, ich kann am schönsten singen.

2. Ich bin stark, viel ____________ als du.

   Nein, ich bin am stärksten.

3. Meine Beine sind ____________, länger als deine Beine.

   Unsinn, meine Beine sind ______ ____________.

4. Aber meine Nase ist groß, ____________ als deine Nase.

   Quatsch, meine Nase ist ______ ____________.

5. Ich kann hoch klettern, ____________ als du.

   Nein, ich kann ______ ____________ klettern.

6. Ich kann ____________ Eis essen, mehr als du.

   Stimmt nicht, ich kann ______ ____________ Eis essen.

7. Ich kann ____________ Quatsch machen, besser als du.

   Quatsch, ich kann ______ ____________ Quatsch machen.

8. Ich kann ganz schnell laufen!

   Unsinn, ich kann ____________ laufen als du.

9. Stimmt nicht, ich laufe ______ ____________.

   STOPP! Lauf langsamer!!

   Ich kann nicht so ____________ !!!

1. Schlangen 

| giftig: | die Klapperschlange
+ | die Kobra
++ | die Mamba
+++ |

lang: die Tigerschlange (+)   die Anakonda (++)   die Pythonschlange (+++)

2. Krokodile 

schwer: der Kaiman (+)   der Alligator (++)   das Nilkrokodil (+++)

3. Vögel 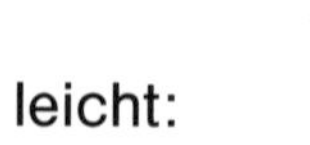

leicht: die Nachtigall (+)   der Wellensittich (++)   der Kolibri (+++)

4. Affen 

groß: der Schimpanse (+)   der Orang-Utan (++)   der Gorilla (+++)

5. Raubtiere 

gefährlich: der Löwe (+)   der Panther (++)   der Tiger (+++)

schnell: der Tiger (+)   der Leopard (++)   der Gepard (+++)

6. Katzen 

teuer: die Hauskatze (+)   die Angorakatze (++)   die Siamkatze (+++)

7. Hühner 

billig: das Huhn (+)   das Küken (++)    das Ei (+++)

Beispiel: Schlangen (giftig)

Die Klapperschlange ist giftig

Die Kobra ist giftiger als die Klapperschlange.

Die Mamba ist am giftigsten.

 **A18** *Petra und Ursula sind Zwillinge. Sie werden immer wieder miteinander verglichen. Vergleiche sie wie im Beispiel.*

X groß	
alt	
lustig	
nett	
schwer	
stark	
neugierig	
dünn	
schön	

X schnell laufen
gern Eis essen
gern Torte essen
gut rechnen
schnell schreiben
viel essen
gut tauchen
gut schwimmen

Petra ist so groß wie Ursula.
Ursula läuft so schnell wie Petra.

Lektion 7: Übungen zur Wortliste und zum schriftlichen Ausdruck

Nomen		Verben	
die Arbeit (-en)	die Pause (-n)	ändern	kapieren
der Artist (-en)	das Programm (-e)	anmachen	proben
der Ball (¨e)	das Raubtier (-e)	aufgeben	rausgehen
der Bericht (-e)	der Reifen (-)	(Hausaufgaben)	reinkommen
! Dänemark	die Ruhe	aufmachen	schimpfen
! Deutschland	die Sache (-n)	aufpassen	schneiden
der Direktor (-en)	die Schlinge (-n)	ausmachen	sollen
der Dompteur (-e)	die Schnur (¨e)	aussehen	sprechen
! Frankreich	der Schüler (-)	drehen	steigen
der Freund (-e)	die Schwierigkeit (-en)	durchnehmen	stehen
das Glas (¨er)	das Seil (-e)	entschuldigen	stellen
die Hand (¨e)	! Spanien	erklären	streiten
! Italien	das Stück (-e)	erzählen	umdrehen
der Käfig (-e)	die Tasse (-n)	fahren	verstecken
der Lehrer (-)	der Vorhang (¨e)	fallen	verstehen
die Lehrerin (-nen)	die Vorstellung (-en)	falten	vorlesen
das Licht (-er)	der Wagen (-)	festhalten	wegziehen
die Leute *(Plural)*	das Wasser	füllen	werfen
die Luft	der Zauberer (-)	gehören	wissen
das Musikinstrument (-e)	der Zaubertrick (-s)	halten	zaubern
der Name (-n)	der Zirkus (-se)	heben	zeigen
die Nummer (-n)	die Zeitung (-en)	helfen	zuhören
! Österreich		legen	zumachen
		lieben	zusammenbinden

Adjektive		andere Wörter				
dumm	lustig	alles	dasselbe	hinter	neben	über
giftig	nett	anders	denn	in	noch einmal	überall
hoch	schön	auf	dort	leider	nun	unter
kaputt	streng	bei	durch	manchmal	oft	vor
langsam	traurig	bitte	etwas	morgen	so wie	wirklich

C1   *Welche Wörter aus der Liste passen dazu?*

1. Zirkus: *der Artist*

2. zaubern: *proben*

3. Schule: *die Arbeit*

4. Lehrer: *streng*

5. Europa: *Dänemark*

C2 > *Schreib die passenden **trennbaren** Verben aus der Liste daneben.*

1. an: *anmachen*

2. auf:

3. aus:

4. durch:

5. fest:

6. raus:

7. rein:

8. um:

9. weg:

10. zu:

11. zusammen:

C3 > *Welche Verben aus der Liste passen dazu? Kreuze an und schreib ins Heft wie im Beispiel.*

	fahren	zeigen	füllen	legen	setzen	stellen	steigen	werfen
eine Schultasche auf den Tisch				X		X		X
Wasser ins Glas								
einen Ball in die Kiste								
das Fahrrad vor die Tür								
auf den Stuhl								
auf die Nase								
ins Wasser								
ein Buch ins Regal								
in den Zoo								
in die Schule								
auf das Bild								

Beispiel:

eine Schultasche auf den Tisch legen
eine Schultasche auf den Tisch stellen
eine Schultasche auf den Tisch werfen

C4 > *Machst du das **gar nicht, manchmal, oft, immer**? Schreib daneben.*

	gar nicht	manchmal	oft	immer
schlafen				
in den Zoo gehen				
essen				
rauchen				
schwimmen				
Hausaufgaben machen				
Deutsch sprechen				
tauchen				
zaubern				
eine Geschichte erzählen				
eine Zirkusnummer proben				
Mathematik kapieren				
trinken				
schimpfen				
zuhören				
Brot schneiden				
Mutti helfen				
Schulsachen verstecken				
streiten				
in Dixiland spielen				

C5 > *Welche Adjektive aus der Liste passen dazu? Schreib auf.*

1. Der Clown kapiert nicht. ______________________________

2. 2000 Meter ______________________________

3. Willi macht Quatsch. ______________________________

4. Die Lehrerin lacht viel. ______________________________

5. die Kobra (Schlange) ______________________________

6. 5 Meter pro Stunde ______________________________

7. Ein Kind weint. ______________________________

8. Ein Glas fällt unter den Tisch. ______________________________

9. Der Lehrer schimpft viel. ______________________________

München, den 5. 11.

Lieber Deutschmobil-Schüler,

ich heiße Nino Zimpanelli. Ich wohne im Zirkus. Ich bin 10 Jahre alt. Jetzt sind wir in München. Wer hat Lust und schreibt mal? Ich antworte ganz sicher.

1. Wie heißt du?
2. Wie alt bist du?
3. Wo wohnst du?
4. Wie heißt dein Freund/deine Freundin?
5. Wie ist deine Schule?
6. Wie ist dein Lehrer/deine Lehrerin?
7. Gehst du auch in die 5. Klasse?
8. Was ist dein Lieblingsfach?
9. Wie findest du? Deutsch?
10. Was kannst du? besonders gut?

Viele Grüße
dein Nino

◇ **A4** a) *Vergleiche mit der Einkaufsliste und schreib den Dialog im Heft weiter.*

Die Geschichte vom Suppenkasper

Der Suppenkasper hat nie Hunger.
Er will nicht essen.
Auch trinken will er nicht.

Die Mutter bringt Käse, und der Suppenkasper sagt: „Den Käse will ich nicht! Nimm ihn weg!"

b) Schreib die Geschichte vom Suppenkasper im Heft weiter mit den folgenden Wörtern:

der Kuchen, die Wurst, das Brot,
die Schokolade, das Brötchen, der Saft,
das Huhn, der Kakao, die Tomate, der Apfel

Die Mutter bringt Kuchen,...

◇ **A5** *a) Welche Lebensmittel und Getränke kennst du? Schreib sie mit Artikel in die Tabelle.*

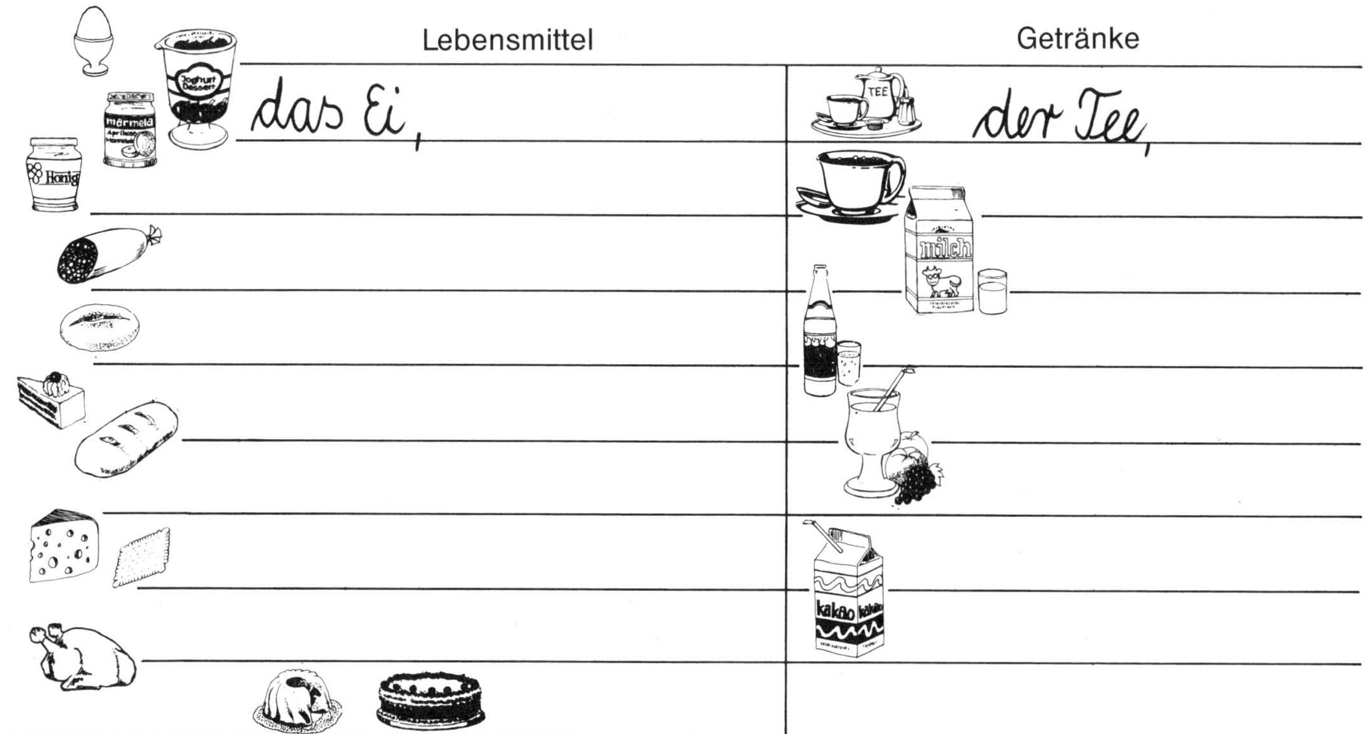

Lebensmittel	Getränke
das Ei,	*der Tee,*

b) Stell dir selbst für jeden Wochentag dein Pausenbrot zusammen.

Am Montag will ich ____________________

Am __________ *möchte ich* __________

____

____

____

____

____

c) Wie findest du das? Schreib daneben auf.

schmeckt nicht    schmeckt gut    schmeckt am besten

Honigbrot mit Tomate ____________________

Wurstbrot und Limo ____________________

Käsebrot und Apfel ____________________

Milch und ein Stück Kuchen ____________________

Schokolade und Brötchen ____________________

Joghurt und Apfel ____________________

Kakao und Brötchen ____________________

Wurstbrot und Saft ____________________

Herr Superdick will dünner werden. Er macht Diät.
So sieht seine Frühstücksdiät aus. Schreib sie weiter.

10 Flaschen Milch?

Nein, ich trinke sie nicht. Eine Flasche ist genug.

10 Brötchen?

Nein, ich esse sie nicht. Ein Brötchen ist genug.

3 Brote?

So viele Kekse?

10 Würste?

5 Gläser Marmelade?

5 Gläser Honig?

4 Kuchen?

2 Torten?

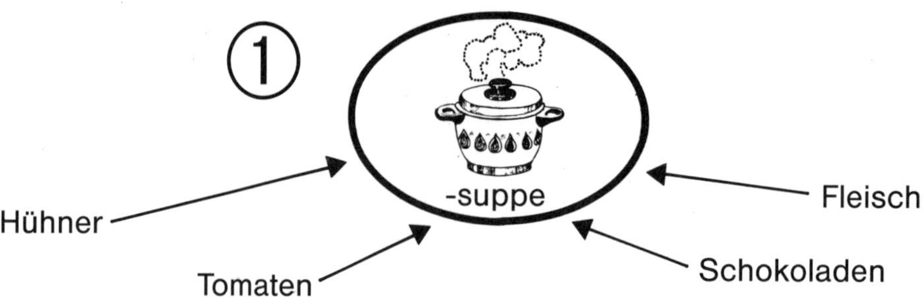

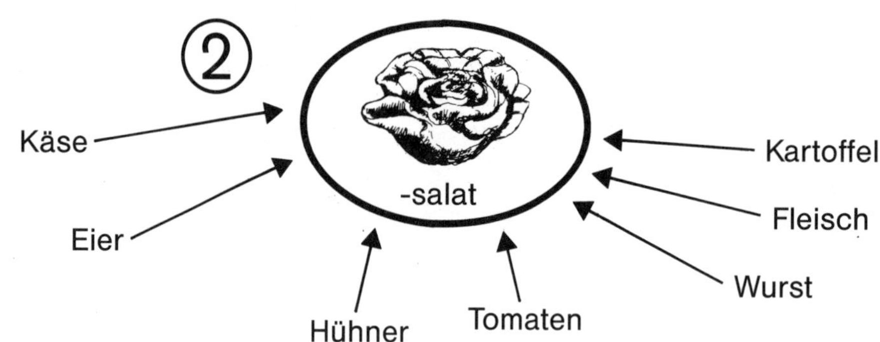

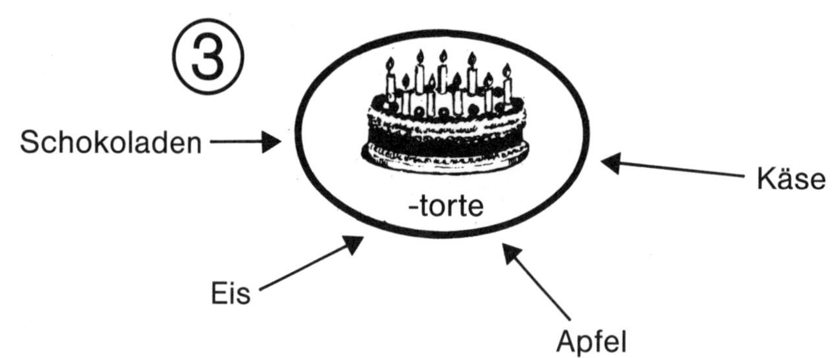

	① Suppe	② Salat	③ Torte
Montag	Tomatensuppe	Käsesalat	Eistorte
Dienstag			
Mittwoch			
Donnerstag			
Freitag			
Samstag			
Sonntag			

Schreib in dein Heft:

Am Montag gibt es zuerst…. Dann gibt es…. Und danach….

b) *Oma Frosch kommt aus Seedorf zu Besuch.*
   *Setze ein: **mich, dich, uns, euch.***

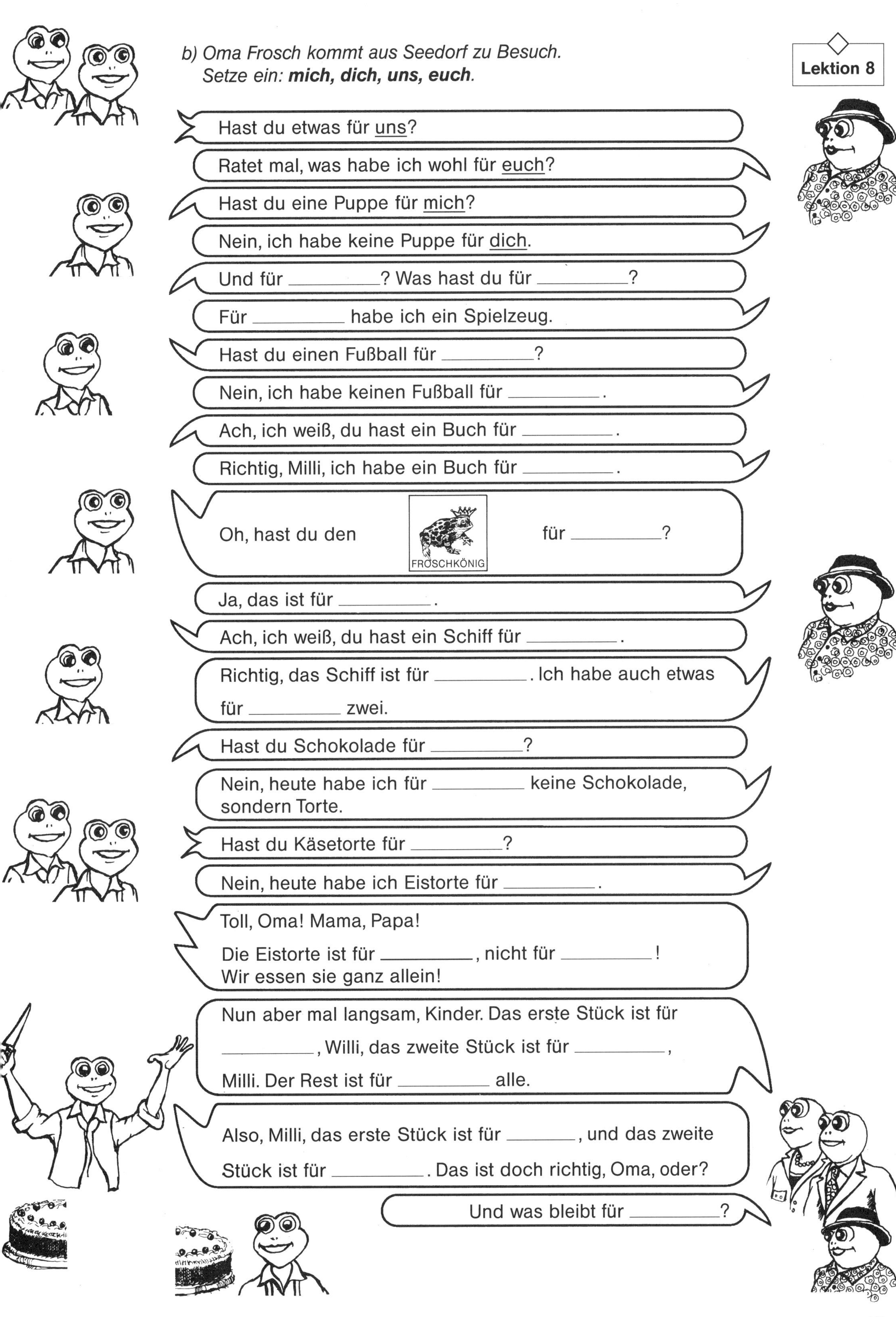

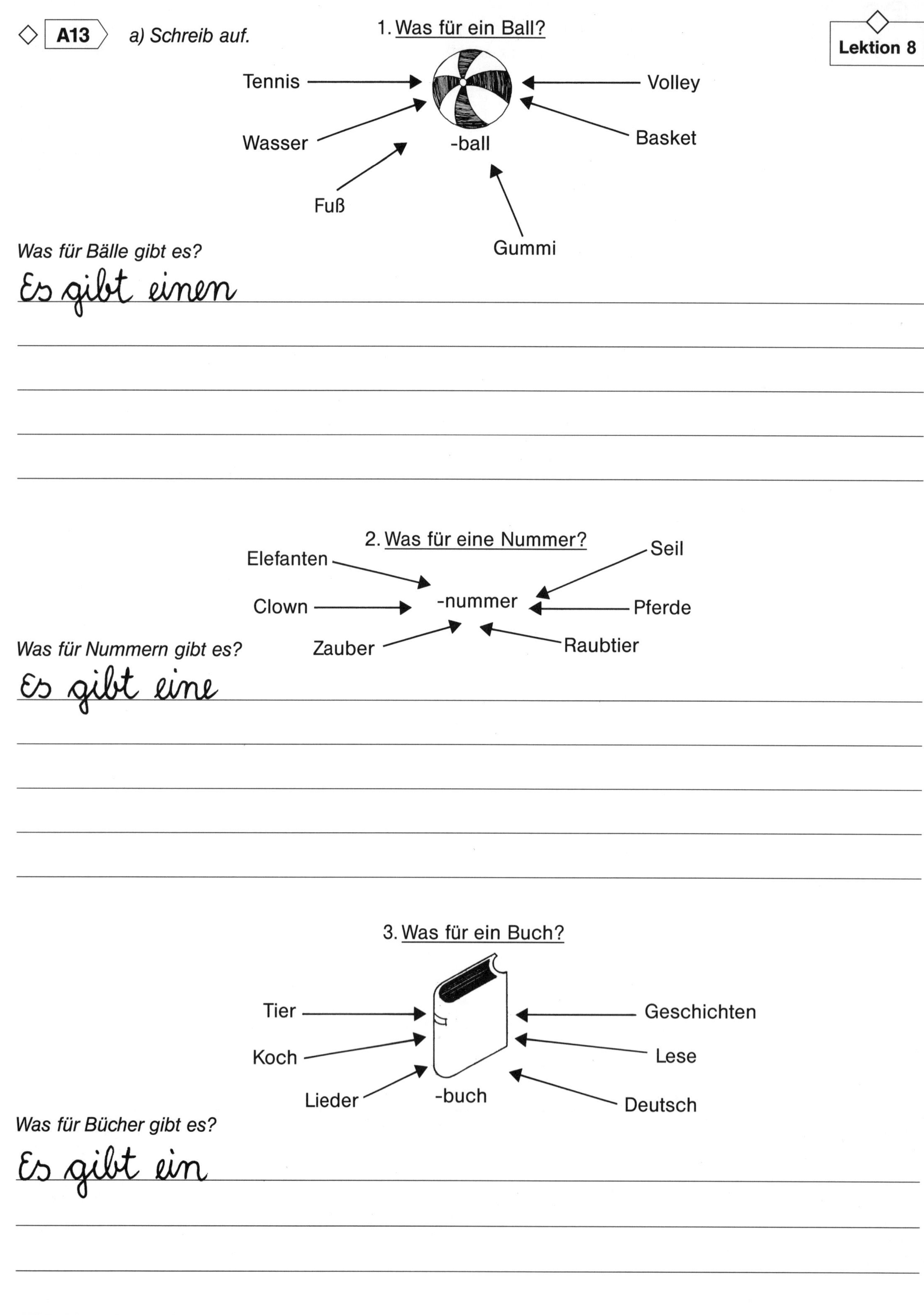

Was für Bälle gibt es?

Es gibt einen

Was für Nummern gibt es?

Es gibt eine

Was für Bücher gibt es?

Es gibt ein

b) Was fragt der Reporter? Ergänze die Fragen.

1. Man isst eine Dixiland<u>suppe</u>.

2. Man feiert eine Dixiland<u>party</u>.

3. Man isst einen Dixiland<u>salat</u>.

4. Man erzählt eine Dixiland<u>geschichte</u>.

5. Man trinkt ein Dixiland<u>getränk</u>.

6. Man fährt ein Dixiland<u>auto</u>.

7. Man liest eine Dixiland<u>zeitung</u>.

8. Man isst einen Dixiland<u>kuchen</u>.

9. Man spielt ein Dixiland<u>spiel</u>.

10. Man hat einen Dixiland<u>kalender</u>.

Wie ist das in Dixiland?
1. Was für eine Suppe isst man?
2. Was für
3.
4.
5.
6.
7.
8.
9.
10.

Nomen		
das Abendessen (-)	der Hunger	der Platz (¨e)
der Apfel (¨)	der/das Joghurt (-s)	das Restaurant (-s)
der Arzt (¨e)	der Kakao	das Rezept (-e)
der Bauch (¨e)	die Kartoffel (-n)	der Riesenhunger
der Becher (-)	der Käse	der Saft (¨e)
das Brötchen (-)	der/das Keks (-e)	der Salat (-e)
die Butter	das Kilo	das Salz
! Drakula	der Koch (¨e)	die Schokolade
das Ei (-er)	das Kochbuch (¨er)	die Schüssel (-n)
die Eltern *(Plural)*	die Küche (-n)	die Sonne
die Flasche (-n)	die Kuchenform (-en)	die Soße (-n)
das Frühstück	die Limonade (-n)	die Speisekarte (-n)
der Gast (¨e)	der Liter (-)	der Stern (-e)
das Geld	der Löffel (-)	die Süßspeise (-n)
das Gericht (-e)	die Marmelade	der Tee
das Geschirr	das Mehl	die Tomate (-n)
die Geschwister *(Plural)*	die Milch	die Wurst (¨e)
die Großeltern *(Plural)*	das Mittagessen (-)	der Zahn (¨e)
das Hauptgericht (-e)	der Mond	der Zucker
die Hilfe (-n)	das Monster (-)	
der Honig	die Nudel (-n)	

Verben		**Adjektive**	**andere Wörter**
abräumen	schälen	hungrig	allein
abwaschen	schmecken	komisch	ein bisschen
aufessen	schreien	müde	für
austrinken	staunen	satt	genug
bedienen	trinken	verantwortlich	man
brauchen	überlegen		sofort
bringen	umrühren		was für ein
decken	vorbeikommen		
geben	wehtun		
mitnehmen	weinen		

C1 — *Welche Wörter aus der Liste passen dazu?*

1. Frühstück: *das Brötchen,*

2. Mittagessen: *das Gericht,*

3. Abendessen: *die Flasche,*

4. Restaurant: *die Speisekarte,*

5. Küchenarbeit: *abwaschen,*

6. Küchensachen: *das Geschirr,*

7. Flasche: *die Limonade,*

C2 Welche Küchenarbeiten kannst du schon machen?
Wähle aus und schreib ins Heft.

einkaufen	Äpfel schälen	den Tisch abräumen	das Geschirr abwaschen	Kuchen backen
Tomaten schälen	Kartoffeln schälen	den Tisch decken	die Suppe umrühren	ein Nudelgericht kochen

Ich kaufe ein, _______________________________

C3 *Für wen oder was ist das?*

der Kuchen –	das Frühstück –	der Salat –	die Süßspeise –	das Restaurant
der Koch –	die Suppe –	Drakula –	Dixi – Willi –	die Gäste

Beispiel: das Mehl *für den Kuchen*

1. die Drachensuppe _______________
2. der Hexensalat _______________
3. die Speisekarte _______________
4. das Kochbuch _______________
5. das Mittagessen _______________

6. das Salz _______________
7. die Marmelade _______________
8. die Tomaten _______________
9. der Zucker _______________
10. die Schokolade _______________

C4 *Für wen oder was sind sie verantwortlich? Verbinde und schreib auf.*

1. der Koch ●
2. der Lehrer ●
3. der Zoodirektor ●
4. der Wärter ●
5. der Schüler ●
6. die Eltern ●
7. die Oberhexe ●
8. der Kellner ●

● die Hexen
● die Hausaufgaben
● das Essen
● die Kinder
● der Unterricht
● die Gäste
● der Zoo
● die Tiere

1. Der Koch ist für das Essen verantwortlich. 2. _______________

____

____

____

C5 *Welches Adjektiv aus der Liste passt?*

1. Wer genug isst, ist _______________
2. Wer nur ein bisschen isst, ist _______________

3. Wer nur ein bisschen schläft, ist _______________
4. Wer staunt, findet etwas _______________

Schokoladenpudding – kochen wollen
Milch, Zucker, 2 Eier und Schokoladenpudding – nehmen

alles – in eine Schüssel – geben
den Mixer – nehmen
der Mixer – schwer sein

den Pudding – umrühren wollen
den Mixer – in die Schüssel – halten
den Mixer – anmachen

der Mixer – immer schneller – rühren
ihn – nicht gut – festhalten

der Pudding – fliegen und fliegen
fliegen – auf/unter/in – Tisch/Stuhl/Herd/Schrank/Tür

die Tür – aufmachen
sagen: „Hast du auch noch Pudding für mich?"

★ **A1** ⟩ *Frau Superdünn ist krank. Sie geht zu Doktor Meier.*
Setze ein, was fehlt.

★ | A2–3 〉 a) *Setze richtig ein:* **muss** *oder* **darf**?

1. Ich bin zu dünn. Ich __________ mehr essen.
   Ich __________ nicht nur Salat essen.

2. Ich bin zu dick. Ich __________ Diät machen.
   Ich __________ keinen Kuchen essen.
   Ich __________ viel Salat essen.

3. Ich __________ viel schlafen.
   Ich __________ nicht so viel rauchen.

4. Ich __________ auch nicht so viel rauchen.
   Ich __________ auch keinen Kaffee trinken.
   Ich __________ gesund leben.

5. Ich __________ nicht so viel arbeiten.
   Ich __________ mehr Ruhe haben.

6. Ich __________ Sport machen und ich __________ auch viel Fahrrad fahren.

b) *Setze die richtigen Formen von* **müssen** *und* **dürfen** *ein:*

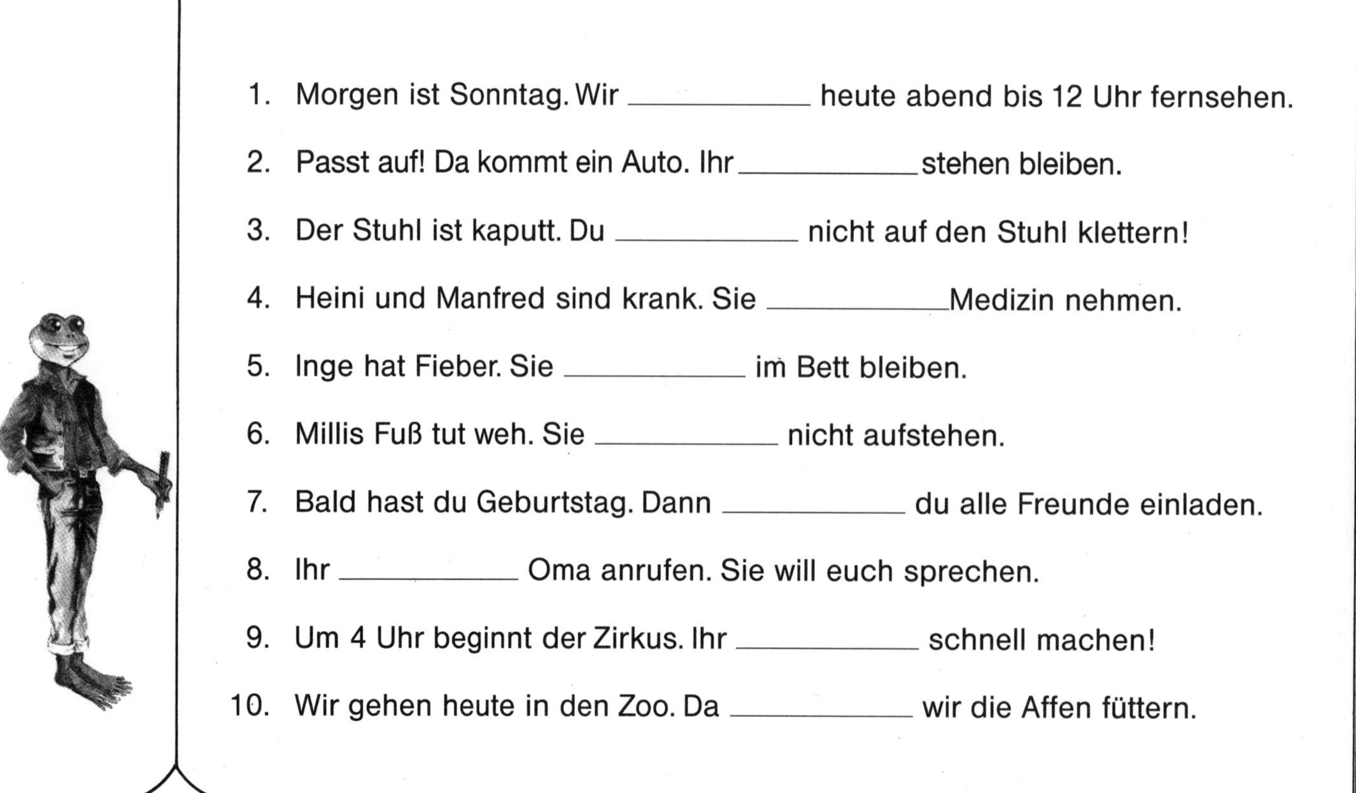

1. Morgen ist Sonntag. Wir __________ heute abend bis 12 Uhr fernsehen.

2. Passt auf! Da kommt ein Auto. Ihr __________ stehen bleiben.

3. Der Stuhl ist kaputt. Du __________ nicht auf den Stuhl klettern!

4. Heini und Manfred sind krank. Sie __________ Medizin nehmen.

5. Inge hat Fieber. Sie __________ im Bett bleiben.

6. Millis Fuß tut weh. Sie __________ nicht aufstehen.

7. Bald hast du Geburtstag. Dann __________ du alle Freunde einladen.

8. Ihr __________ Oma anrufen. Sie will euch sprechen.

9. Um 4 Uhr beginnt der Zirkus. Ihr __________ schnell machen!

10. Wir gehen heute in den Zoo. Da __________ wir die Affen füttern.

c) Willi ist krank. Er hat Fieber, Halsschmerzen und Bauchschmerzen.
Er muss im Bett bleiben.
*Was **darf** er machen? Was **darf** er **nicht** machen?*

Willi, du darfst nicht klettern! Aber du darfst Musik hören.

★ **A4** a) *Schreib den Dialog weiter.*

Beispiel:

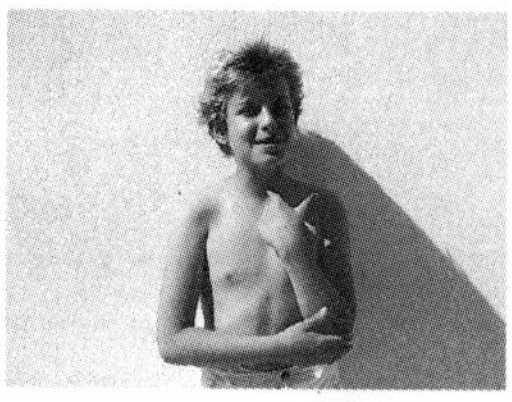

der Hals

1.

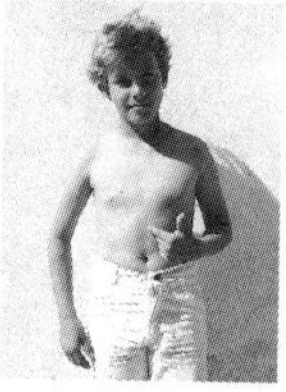

der Bauch

2.

das Bein

3.

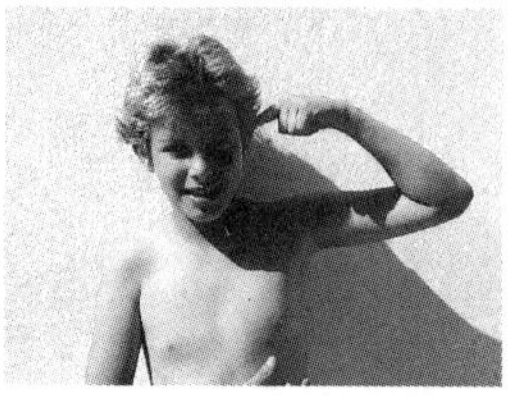

der Kopf

4.

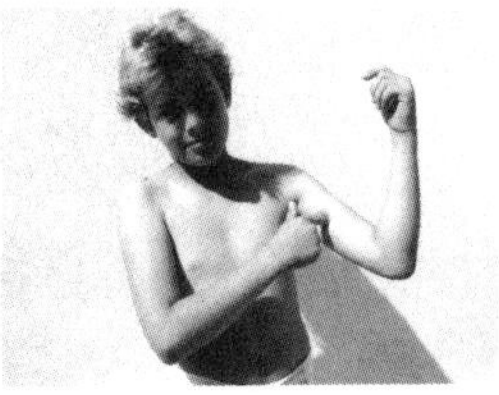

der Arm

5.

die Ohren

6.

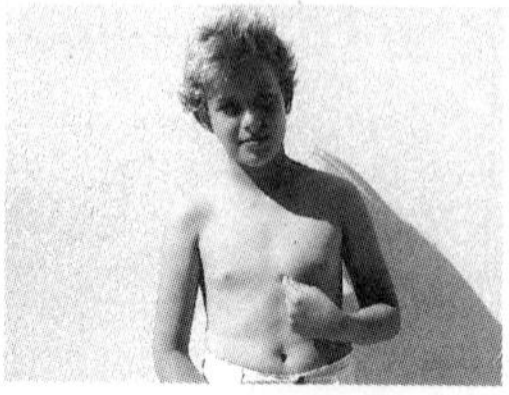

die Brust

7.

der Finger

b) *Familie Frosch hat Grippe. Alle sind krank.*
   *Setze ein: **ihr – ihm – ihnen.***

Willi geht es nicht gut. Der Bauch tut

_______________ weh. Willi hat Schmerzen.

Der Kopf tut _______________ weh.

Oma ist auch im Bett. Es geht _______________

nicht gut. Der Hals tut _______________ weh.

Das Baby hat Fieber. Es geht _______________

nicht gut.

Vater, Mutter und Opa Frosch sind auch krank.

Sie haben Fieber, und der Kopf tut

_______________ weh.

Nur die Tante und der Onkel sind nicht krank.

Es geht _______________ gut. Sie kochen Tee

und Hühnersuppe. Sie holen den Arzt und

kaufen die Medizin.

★ | **A5** > *Schreib die Namen der Körperteile zu den Nummern.*
Schau dazu ins Lehrbuch, S. 109.

1 ____

2 ____

3 ____

4 ____

5 ____

6 ____

7 ____

8 ____

9 ____

10 ____

11 ____

12 ____

13 ____

14 ____

★ A6 *Wann ist man so? Ordne die „wenn"-Sätze richtig zu und schreib dann die ganzen Sätze in dein Heft. (Manchmal sind mehrere Sätze richtig.)*

1. Man ist müde	…, wenn man Quatsch macht.
2. Man ist krank	…, wenn man weint.
3. Man ist lustig	…, wenn man lange fernsieht.
4. Man ist traurig	…, wenn man kein Spiel kennt.
5. Man ist allein	…, wenn man Fieber hat.
6. Man ist leise	…, wenn man zu wenig isst.
7. Man ist satt	…, wenn das Baby schläft.
8. Man ist hungrig	…, wenn man keinen Freund hat.
9. Man ist blöd	…, wenn man zwei Torten isst.

★ A8 *a) Wähle aus und ordne zu:*

Der Lehrer / Die Lehrerin ist nett.
Mein Freund ist krank.
Wir machen Deutsch.
Der Lehrer / Die Lehrerin schimpft immer.
Wir schreiben Geschichten.

Der Unterricht ist langweilig.
Wir haben viele Hausaufgaben.
Wir singen Lieder.
Wir haben lange Pause.
Der Lehrer / Die Lehrerin ist lustig.

Wir spielen Fußball.
Wir machen Sport.
Der Lehrer / Die Lehrerin ist streng.
Wir machen Quatsch.

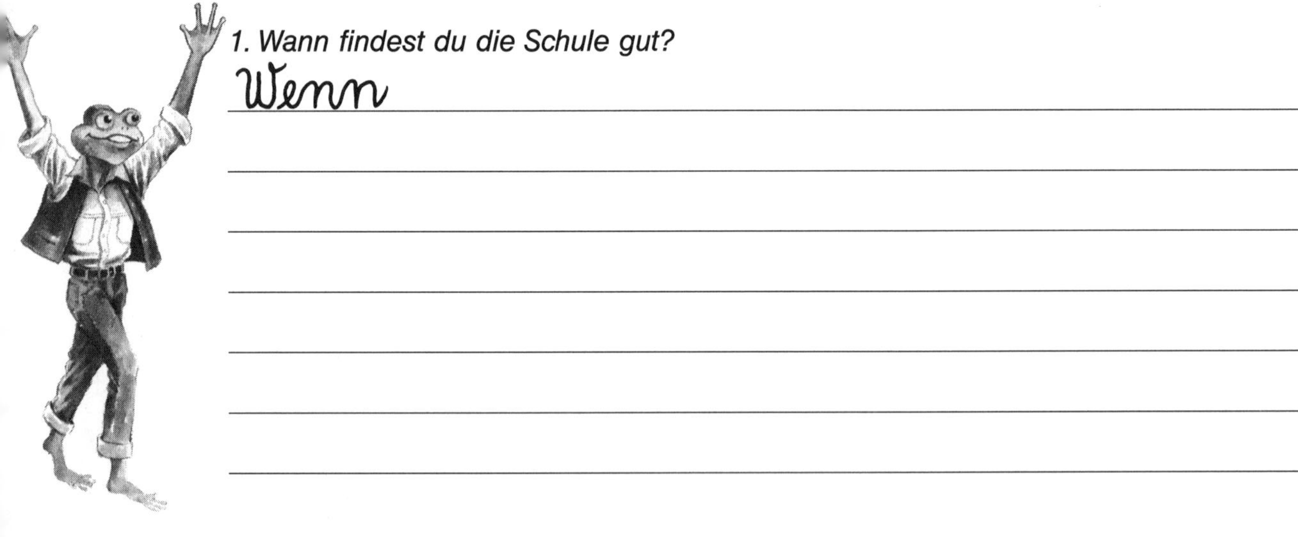

1. Wann findest du die Schule gut?

Wenn ______________________________________

____

____

____

____

____

2. Wann findest du die Schule blöd?

Wenn ______________________________________

____

____

____

____

____

b) Was meinst du?
Wann haben Kinder Angst? Wann haben Kinder keine Angst mehr?

① Sie <u>sehen</u> einen Monsterfilm <u>an</u>.
② Oma <u>ruft</u> <u>an</u>.
③ Die Eltern kommen zurück.
④ Sie sehen abends allein fern.
⑤ Ein Baum sieht wie eine Hexe aus.
⑥ Oma liest eine Tiergeschichte vor.
⑦ Sie sehen mit Papa einen Film an.
⑧ Oma liest eine Monstergeschichte vor.
⑨ Ein Tier·sieht gefährlich aus.
⑩ Sie machen alle Lampen an.
⑪ Die Eltern gehen abends weg.
⑫ Der Teddy passt nachts auf.

1. Was meinst du? Wann haben Kinder Angst?

Kinder haben Angst, _wenn sie einen Monsterfilm ansehen, wenn_ __________

____

____

____

____

____

2. Wann haben Kinder keine Angst mehr?

Kinder haben keine Angst mehr, _wenn Oma anruft, wenn_ __________

____

____

____

____

____

c) In Dixiland ist alles anders. Wie ist es bei uns?

Beispiel: In Dixiland liegt man im Bett, wenn man gesund ist. (krank sein)

Bei uns liegt man im Bett, wenn man krank ist.

1. In Dixiland frühstückt man, wenn man ins Bett geht. (aufstehen)

2. In Dixiland lacht man, wenn man traurig ist. (lustig sein)

3. In Dixiland weint man, wenn man lustig ist. (traurig sein)

4. In Dixiland isst man, wenn man satt ist. (hungrig sein)

5. In Dixiland schläft man, wenn man in die Schule geht. (ins Bett gehen)

6. In Dixiland feiert man Geburtstag, wenn man Kuchen backt. (Geburtstag haben)

7. In Dixiland sucht man Ostereier, wenn Weihnachten ist. (Ostern sein)

8. In Dixiland hat man Sommerferien, wenn der Winter beginnt. (der Sommer, beginnen)

9. In Dixiland hat man Bauchschmerzen, wenn die Ohren wehtun. (der Bauch, wehtun)

10. In Dixiland liest man das *Deutschmobil*, wenn man Sport hat. (Deutsch haben)

d) Wie findest du die Schule in Dixiland?
Was findest du gut? Was findest du blöd? Wähle aus.

So ist die Schule in Dixiland

1. Man muss nur eine Stunde täglich in die Schule gehen.
2. Man kann morgens, mittags oder abends in die Schule gehen.
3. Man darf auch Quatsch machen.
4. Man soll immer lustig sein. Man soll immer lachen.
5. Man darf nicht schimpfen.
6. Die Schüler dürfen Hausaufgaben aufgeben.
7. Die Lehrer müssen Hausaufgaben machen.
8. Die Lehrer können gut erklären.
9. Die Eltern wollen auch in die Schule gehen.
10. Die Eltern dürfen nicht in die Schule gehen.

Beispiel:

1. Ich finde es gut, wenn man nur eine Stunde täglich in die Schule gehen muss.
Oder:
Ich finde es blöd, wenn man nur eine Stunde täglich in die Schule gehen muss.

2. ______________________________

3. ______________________________

4. ______________________________

5. ______________________________

6. ______________________________

7. ______________________________

8. ______________________________

9. ______________________________

10. ______________________________

e) Setze die fehlenden Verbformen ein

	dürfen	können	müssen	sollen	wollen
ich	darf				will
du			musst		
er / sie / es		kann			
wir				sollen	
ihr					
Sie / sie					

Lektion 9: Übungen zur Wortliste und zum schriftlichen Ausdruck

Nomen		Verben	Adjektive
die Angst	das Hemd (-en)	absetzen	gesund
der Appetit	der Hut (¨e)	ausziehen	krank
der Arm (-e)	die Jacke (-n)	dürfen	langweilig
die Ärztin (-nen)	die Kassette (-n)	fehlen	nass
das Auge (-n)	der Kopf (¨e)	fühlen	schlimm
das Baumhaus (¨er)	das Krankenhaus (¨er)	gehen	schwach
das Bein (-e)	die Medizin	hinfallen	wenig
die Brust	der Mixer (-)	mitbringen	
die Diät	der Mund (¨er)	mitkommen	**andere Wörter**
der Doktor	die Nase (-n)	müssen	
das Fieber	das Ohr (-en)	sitzen	
der Finger (-)	der Pudding	stolpern	bald
die Freundin (-nen)	der Rücken (-)	treffen	gleich
der Fuß (¨e)	der Schmerz (-en)	untersuchen	wenn
die Hand (¨e)	das Spielzimmer (-)	versuchen	zu
der Hals (¨e)	das Telefon (-e)	wiederkommen	zurück

C1   *Welche Wörter aus der Liste passen dazu?*

1. krank: *die Angst*

2. wehtun: *krank*

3. Arzt: *ausziehen*

Willi hat immer Schwierigkeiten

Milli besucht Dixi.
Willi kommt mit.
Willi bringt Pudding mit.
Willi passt nicht auf.
Da stolpert Willi.
Der Pudding fällt hin.
Willi muss alles sauber machen.
Er setzt den Hut ab.
Er zieht die Jacke aus.
Er zieht das Hemd aus.

Willi geht weg und sagt:
„Ich komme gleich wieder.
Dann bringe ich Eis mit."
Willi kommt bald zurück.

Willi bringt Eis mit.
Willi passt nicht auf.
…

C2   *Schreib die Geschichte von Willi weiter mit:*

das Eis – die Torte – der Kartoffelsalat

C3 > *Du hast Geburtstag. 10 Kinder wollen kommen. Hier ist Muttis Einkaufsliste. Ist es **zu wenig, zu viel** oder **genug?** Schreib auf.*

	zu wenig	zu viel	genug
30 Flaschen Limonade			
1 Kuchen			
1 Pudding			
1 Schokolade			
1 Schüssel Kartoffelsalat			
25 Brötchen			
1 Flasche Kakao			
5 kg Tomaten			
1 Torte			

C4 > *Wie findest du das, **schlimm** oder **nicht schlimm?** Schreib daneben auf.*

Wenn ich allein bin. _______________________________

Wenn ich Angst habe. _______________________________

Wenn ich hinfalle. _______________________________

Wenn ich krank bin. _______________________________

Wenn ich Schmerzen habe. _______________________________

Wenn ich Hausaufgaben machen muss. _______________________________

Wenn ich aufräumen muss. _______________________________

Ich finde es Es ist	blöd, schlimm, langweilig, gar nicht schlimm, gut, prima,	wenn ich krank bin. wenn ich im Bett bleiben muss. wenn ich Fieber habe. wenn ich Schmerzen habe. wenn mir der Kopf wehtut. wenn mir der Bauch wehtut. wenn der Arzt kommt. wenn ich Medizin nehmen muss.
Mir geht es	schlecht, gut,	wenn ich nicht essen darf. wenn ich nicht aufstehen kann. wenn ich nicht spielen kann. wenn meine Freunde nicht kommen.
Ich habe	Angst, keine Angst,	wenn ich nicht in die Schule gehen kann. wenn ich keine Hausaufgaben machen muss. wenn ich viel fernsehen darf. wenn ich wieder gesund bin.

Wenn ich krank bin

Bayerische Trachten

Frauen

das Tuch

das Mieder

die Schürze

Männer

die Weste

☆ **A1** > *a) Male die Trachten bunt:*

der Hut (schwarz), das Kleid (rot),
das Mieder (schwarz), die Bluse (weiß),
das Tuch (weiß), die Schürze (weiß),
die Strümpfe (weiß), die Schuhe (schwarz)

der Hut (schwarz), das Hemd (weiß),
die Weste (schwarz), die Jacke (grün),
die Hose (grün), die Strümpfe (weiß),
die Schuhe (schwarz)

b) Beschreibe die bayerische Tracht.
Wie ist die Tracht der Frau?

Ihr Hut ist

Wie ist die Tracht des Mannes?

Sein Hut ist

 **A2** *Morgen fahren Bergers in die Ferien. Das Spielzeug ist schon im Koffer. Schreib den Dialog weiter:*

1. (das Spiel) ____

____

2. (das Malzeug) ____

____

3. (das Bastelbuch) ____

____

4. (die Taschenlampe) ____

____

5. (der Malblock) ____

____

6. (der Kassettenrekorder) ____

____

7. (die Kassetten) ____

____

8. (die Schere) ____

____

9. (die Filzstifte) ____

____

10. (die Tasche) ____

____

11. (das Badezeug) ____

____

☆ **A3** *Wie ist das Wetter in der ersten Ferienwoche von Familie Berger?*

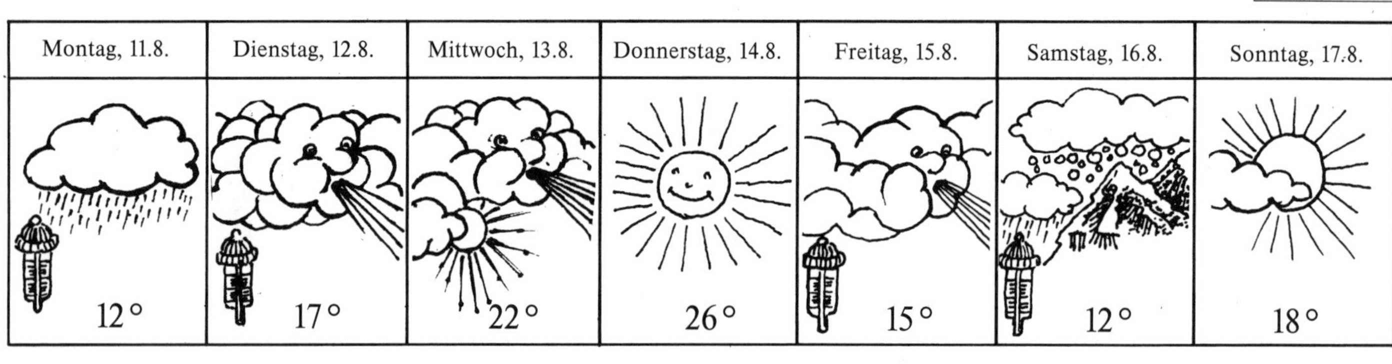

Am Montag, den 11. 8., ist es kalt und es regnet.

☆ **A4** a) *Auf den Bergen ist es kalt. Sabine muss viele warme Sachen anziehen. In welcher Reihenfolge zieht sie die Sachen an?*

Zuerst zieht sie ihre Strümpfe an. Dann

b) In Dixiland ist alles anders.
  Wie ist es bei uns, wenn das Wetter so ist? Schreib die passenden Kleidungsstücke auf.

1. In Dixiland zieht man Stiefel, einen Schal und eine Mütze an, wenn die Sonne scheint.

Bei uns zieht man

2. In Dixiland braucht man eine Badehose und Schwimmflossen, wenn es regnet.

3. In Dixiland trägt man eine Bluse und Sandalen, wenn es schneit.

4. In Dixiland braucht man einen Regenschirm, einen Mantel und einen Pullover, wenn es heiß ist.

5. In Dixiland trägt man eine Bluse oder ein Hemd und Sandalen, wenn es kalt ist.

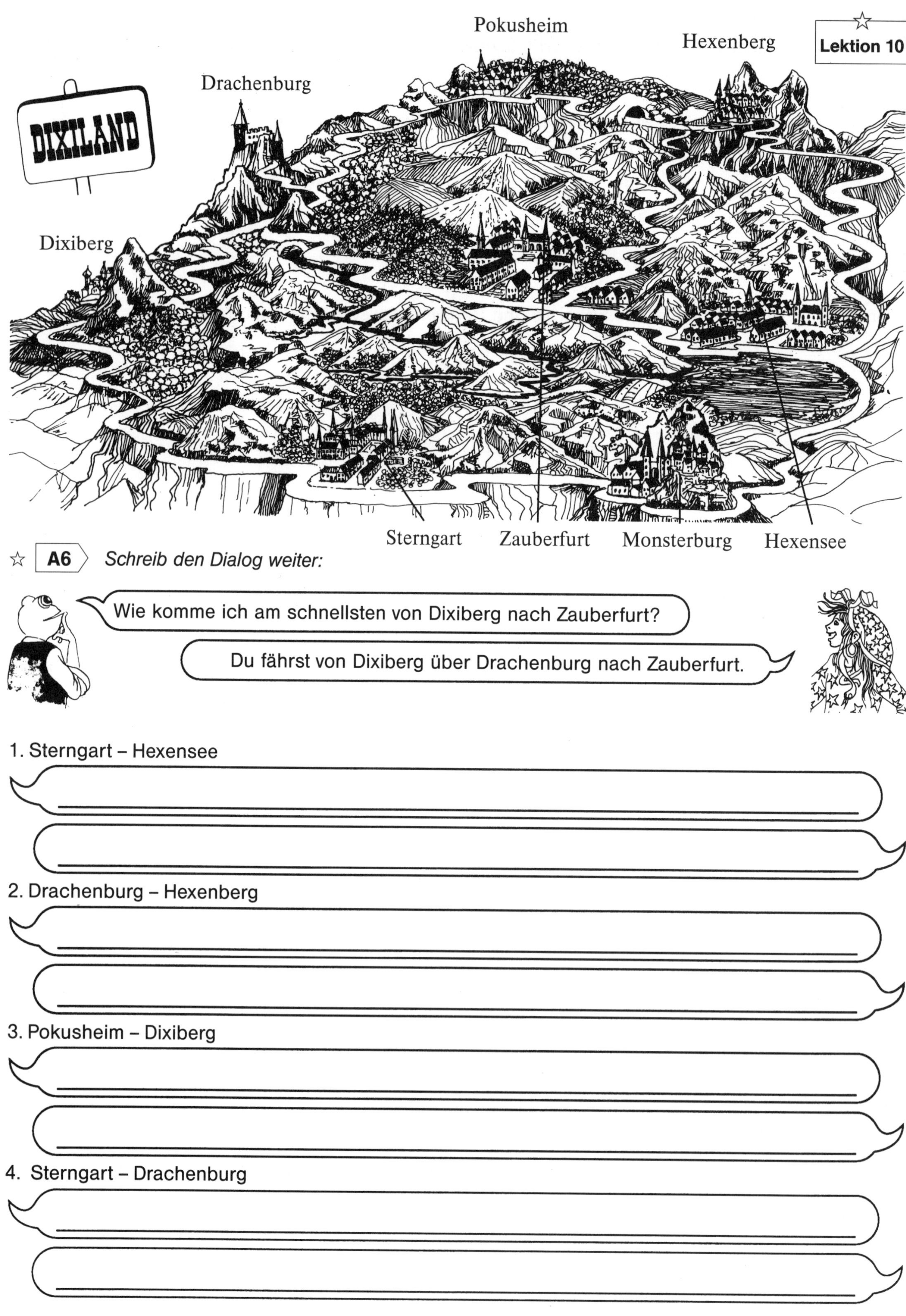

☆ **A6** *Schreib den Dialog weiter:*

1. Sterngart – Hexensee

2. Drachenburg – Hexenberg

3. Pokusheim – Dixiberg

4. Sterngart – Drachenburg

 **A7** a) *Kannst du die Uhrzeit lesen?*
Schreib sie neben jeder Uhr auf und kreuze rechts die richtige Tageszeit an.
Der Kreis auf S. 52 im Lehrbuch hilft dir dabei.

Beispiel:

Uhr		morgens	mittags	nach- mittags	abends	nachts
8:00 ← acht Uhr		X				
acht Uhr → 20:00					X	
17:15	Viertel nach fünf			X		
5:15						
2:30						
14:30	halb drei			X		
9:45	Viertel vor zehn	X				
21:45						
7:10						
19:10	zehn nach sieben				X	
15:25	fünf vor halb vier			X		
3:25						
11:35						
23:35	fünf nach halb zwölf					X
6:50	zehn vor sieben	X				
18:50						
4:20						
16:20						
2:40						
14:40			X			
1:15						
13:15						
8:45						
20:45						

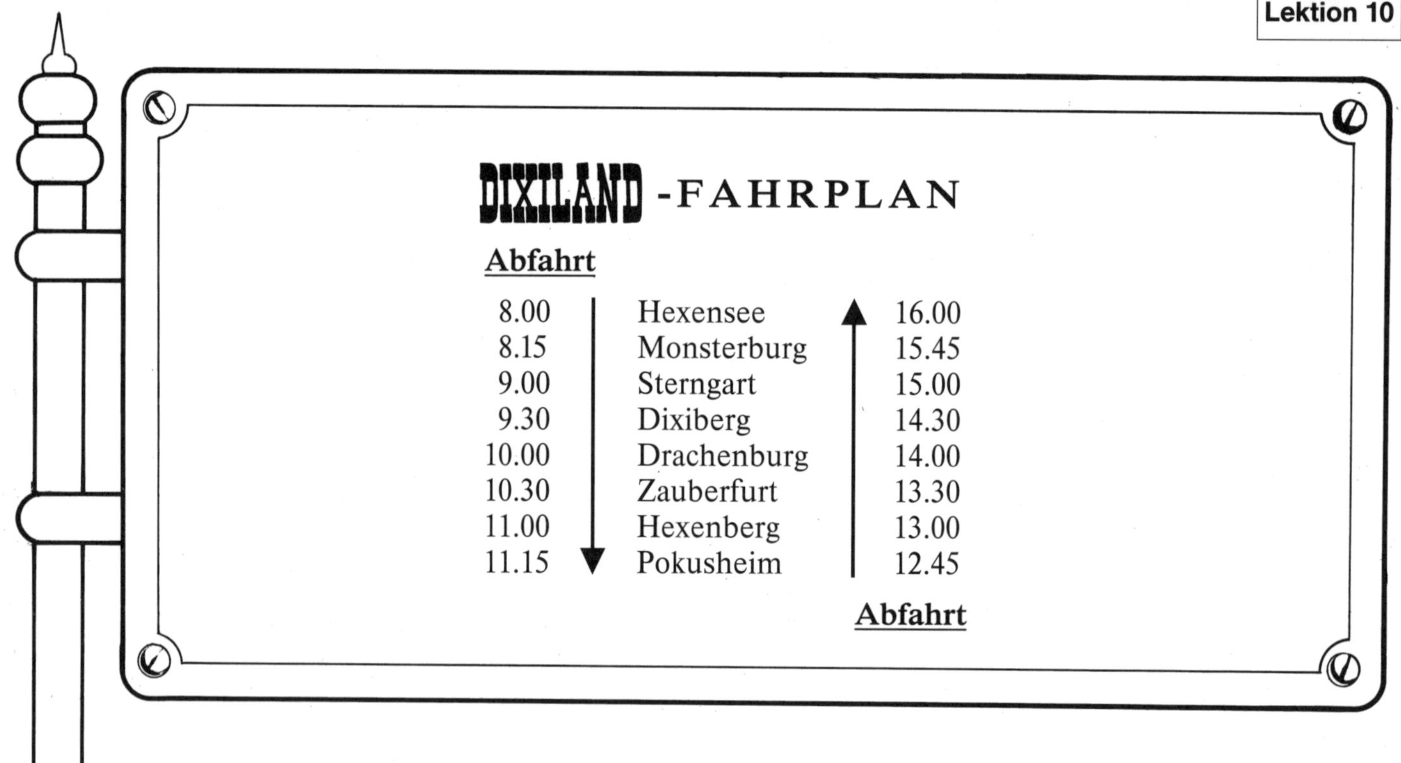

b) Schreib den Dialog im Heft weiter mit:

Pokusheim – Dixiberg

Hexensee – Sterngart

Drachenburg – Hexensee

Dixiberg – Pokusheim

 **A8** › *Hier ist der Prospekt von der „Pension Königssee".*
Beschreibe die Pension nach der Tabelle:

	oben	unten	vorn	hinten	rechts	links	in der Mitte
der Garten				X			
die Terrasse			X			X	
4 Zimmer mit Balkon							X
2 Zimmer mit Dusche	X						X
der Parkplatz		X			X		
das Schwimmbad				X			
das Restaurant		X				X	

Die Pension Königssee

Der Garten ist hinten.

☆ **A9** · *Ist der Text so richtig?*

1. Schau das Foto an:

2. Unterstreiche im Text, was falsch ist:

Vorn liegt der Watzmann. Er ist 850 Jahre alt.
Hinten links tanzen und singen Bayern. Sie tragen alle Mützen und Schwimmflossen.
Vorn rechts ist der Wald St. Bartholomä. Er ist 7,75 km lang und 1,2 km breit.
Hinten in der Mitte liegt der Königssee. Er ist 2713 m tief.
Vorn rechts ist ein Haus. Es ist 192 m lang.
Hinten rechts ist die Kirche. Sie ist 850 m hoch.
Es ist kalt und es schneit. Der Mond scheint.

3. Schreib hier den Text richtig auf:

☆ **A11** a) Familie Berger wandert durch den Zauberwald.
Im Wald darf man nicht alles machen! Schreib unten auf.

Bitte:

1. keine Flaschen wegwerfen

2. keine Musik machen

3. nicht zelten

4. keine Blumen pflücken

5. nicht Fahrrad fahren

6. nicht auf die Bäume klettern

7. nicht in die Bäume schneiden

8. kein Feuer machen

9. nicht rauchen

1. Im Wald darf man keine Flaschen wegwerfen.
2. Im Wald

b) *Ute kommt aus Hamburg.*
Sie macht auch Ferien am Königssee und wohnt im „Haus am Forst".
Was fragt sie Wolfgang? Frage mit:

wie lange – wann – wie – woher – wohin – wo – was – wer

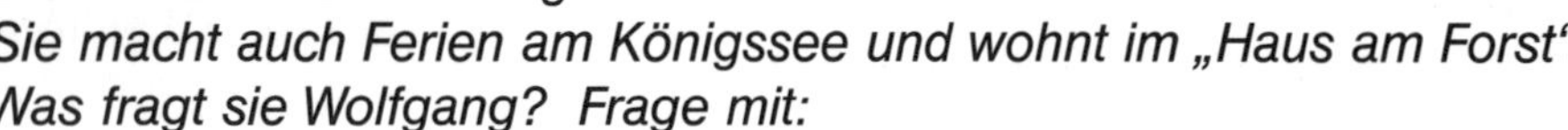

Beispiel:

Woher kommt ihr?

Wir kommen aus Frankfurt. Und ihr? Woher kommt ihr?

1. ______________________________ .
______________________________ ?

Wir bleiben 3 Wochen hier.

2. ______________________________ ?

Ich finde unser Zimmer toll.

3. ______________________________ ?

Wir fahren morgen nach Rosenheim.

4. ______________________________ ?

Unser Zimmer ist im ersten Stock in der Mitte.

5. ______________________________ ?

Unsere Eltern wohnen oben.

6. ______________________________ ?

Ich finde die Schiffsfahrt am besten.

7. ______________________________ ?

Ich heiße Wolfgang Berger. Und du? Wie heißt du?

8. Ich heiße Ute Roll.
______________________________ ?

Wir fahren am Samstag zurück.

Lektion 10: Übungen zur Wortliste und zum schriftlichen Ausdruck

Nomen		Verben	Adjektive
der Anorak (-s)	der Pullover (-)	abfahren	dunkel
der Ausflug (¨e)	der Regenschirm (-e)	ankommen	durstig
der Badeanzug (¨e)	der Rock (¨e)	anziehen	heiß
die Badehose (-n)	die Sandalen *(Plural)*	brauchen	kalt
der Balkon (-s)	der Schal (-s)	dauern	schmutzig
der Berg (-e)	die Schiffsfahrt (-en)	denken	tief
die Bluse (-n)	der Schuh (-e)	einpacken	warm
die Fahrt (-en)	die Schwimmflossen *(Plural)*	losgehen	windig
der Garten (¨)	die Socken *(Plural)*	packen	
der Gürtel (-)	die Stiefel *(Plural)*	regnen	**andere Wörter**
das Hemd (-en)	die Straße (-n)	scheinen	
die Hose (-n)	die Strümpfe *(Plural)*	schneien	
die Jacke (-n)	die Tasche (-n)	schwitzen	hinten
die Jeans *(Plural)*	die Taschenlampe (-n)	tragen	in der Mitte
die Kirche (-n)	die Terrasse (-n)	vergessen	links
das Kleid (-er)	die Treppe (-n)	wandern	nach
der Koffer (-)	das T-Shirt	waschen	oben
die Laune	der Umweg (-e)	wegwerfen	rechts
der Mantel (¨)	der Wald (¨er)	weiterfahren	über
die Mütze (-n)	die Wanderung (-en)		unten
der Parkplatz (¨e)	der Wasserball (¨e)		von
die Pension (-en)	das Wetter		vorn
das Pflaster (-)			

C1 *Welche Wörter aus der Liste passen dazu?*

1. Kleidung im Winter: *der Anorak*

2. Kleidung im Sommer: *der Badeanzug*

3. schwimmen: *heiß*

4. Haus: *der Balkon*

5. Ferien: *abfahren*

6. Ausflug: *nach*

C2 *Schreib die passenden trennbaren Verben aus der Liste daneben.*

1. ab-: ______________________

2. an-: ______________________

3. ein-: ______________________

4. los-: ______________________

5. weg-: ______________________

6. weiter-: ______________________

C3 *Kreuze an, was passt, und schreib dann ins Heft wie im Beispiel.*

	einpacken	packen	tragen	machen	vergessen	wandern	waschen
1. den Pullover	X		X		X		X
2. den Koffer							
3. durch den Wald							
4. die Strümpfe							
5. eine Schiffsfahrt							
6. den Gürtel							
7. einen Umweg							
8. eine Wanderung							
9. einen Ausflug							
10. die Tasche							

Beispiel: den Pullover einpacken, tragen, vergessen, waschen

C4 *Wie lange dauert die Fahrt? Schreib daneben auf.*

1. Düsseldorf – Köln

   15.30   16.00   Die Fahrt von Düsseldorf nach Köln dauert dreißig Minuten.

2. Köln   – Frankfurt

   9.00   11.00

3. Frankfurt   – Mannheim

   12.00   13.00

4. Mannheim   – Augsburg

   11.00   14.00

C5 *Welche Adjektive aus der Liste passen dazu?*

1. Mütze und Schal: _______________

2. Anorak: _______________

3. Sonne: _______________

4. Wasser: _______________

5. nachts: _______________

C6 *Was möchtest du in den Ferien*

–	nicht gern
+	gern
++	sehr gern
+++	am liebsten

machen?

lang schlafen	Kassetten hören	auf einen Berg steigen
früh aufstehen	ein Buch lesen	in den Zoo gehen
Freunde treffen	eine Schiffsfahrt machen	spielen
Eis essen	Hausaufgaben machen	krank sein
Deutsch lernen	Postkarten schreiben	kochen
schwimmen	ein Baumhaus bauen	wandern
tauchen	einen Ausflug machen	fernsehen

<u>Was ich in den Ferien machen möchte</u>

Wenn ich Ferien habe, möchte ich

Am liebsten

Ich möchte auch gern

Nicht so gern

Sehr gern

Übungen zu den Hörtexten
(Lektion 2 bis Lektion 10)

Lektion 2

Nach **A10** *Was machen Martin und Peter gern? Kreuze an. Pass auf, es trifft nicht alles zu!*

Martin	Peter	
		tanzt gern.
		springt gern.
		schaukelt gern.
		bastelt gern.
		rutscht gern.
		rennt gern.
		klettert gern.
		baut gern.
		malt gern.

Lektion 3

Nach **A13** *Inge Hansen erzählt. Was ist richtig* R *oder falsch* F *? Kreuze an.*

1. Inge ist elf Jahre alt.   R F
2. Inge ist die Schwester von Jörg.   R F
3. Inge und Jörg wohnen in Hannover.   R F
4. Die Familie von Inge heißt Jansen.   R F
5. Die Mutter von Jörg heißt Monika.   R F
6. Rainer Hansen baut gern.   R F
7. Der Vater baut gerade ein Radio.   R F
8. Inge bastelt gerade ein Haus.   R F
9. Die Großmutter von Inge wohnt in Hannover.   R F
10. Opa ist oft in Hamburg.   R F

Nach **A6** › *Die Reihenfolge der Kinder.*
Trage zu jedem Namen die richtige Ordinalzahl ein.

Martin ○   Inge ○   Ulla ○

Karin ○   Ralf ○   Peter ○

Gisela ○   Jörg ○   Jochen ○

Anna ○   Jutta ○   Andreas ○

Nach **A16** › *Peters Stundenplan am Montag*

1. Wie ist Peters Stundenplan? Was hat er heute? Kreuze an.

Deutsch	☐	Biologie	☐
Englisch	☐	Sport	☐
Erdkunde	☐	Religion	☐
Mathematik	☐	Geschichte	☐
Musik	☐	Kunst	☐

2. In welcher Stunde hat Peter was? Trage die richtigen Fächer ein.

Stunde	Montag
1.	
2.	
3.	
4.	
5.	
6.	

Nach **A5** *Flohmarkt:*
Was kostet
das Spielzeug?
Schreib die
Preise auf.

	PREIS
1. der Teddy	
2. das Puppenbett	
3. das Puppenhaus	
4. der Werkzeugkasten	
5. die Burg	
6. das Schiff	
7. die Eisenbahn	

Nach **A15** *Bei Familie Schulz am Frühstückstisch*

1. Was haben Mutti und Vati für das Geburtstagskind? Schreib auf:

____

____

2. Wie viele Kinder kommen zum Geburtstag?

Zum Geburtstag _______________________________

____

3. Wer macht was? Kreuze an.

Vater	Mutter	Brigitte	
			Eis kaufen
			einkaufen
			das Essen kochen
			eine Torte backen
			aufräumen
			aufschreiben
			für die Geburtstagsparty arbeiten

Nach **A9** *Dixis Zaubertier*

a) Drei Tiere gehören nicht zu Dixis Zaubertier. Streiche sie durch.

Elefant / Nashorn

Robbe / Krokodil

Papagei / Adler

b) Was ist richtig R *oder falsch* F *? Kreuze an:*

1. Das Zaubertier hat Stoßzähne.   R F

2. Das Zaubertier frisst Pflanzen.   R F

3. Das Zaubertier ist groß und stark.   R F

4. Das Zaubertier ist gefährlich.   R F

5. Das Zaubertier wohnt in Deutschland.   R F

6. Das Zaubertier tanzt gern.   R F

7. Das Zaubertier ist blau, rot und grün.   R F

8. Das Zaubertier frisst Kinder.   R F

9. Die Kinder finden das Zaubertier gut.   R F

c) Welche Namen passen nicht zu Dixis Zaubertier? Streiche sie durch.

Papakrokofant

Roblerhorn

Elekrokogei

Adelebe

Fantlernas

Krokopapafant

Nach | **A18** › *Familie Tiger*

a) Ist das richtig R *oder falsch* F *? Kreuze an.*

1. Oma Tiger springt nicht so hoch wie Mutter Tiger.   R F

2. Opa Tiger ist nicht so stark wie Vater Tiger.   R F

3. Susi Tiger ist älter als Karl Tiger.   R F

4. Susi Tiger ist viel kleiner als Max Tiger.   R F

5. Max Tiger ist so groß wie Karl Tiger.   R F

6. Karl Tiger ist so alt wie Rudi.   R F

7. Rudi ist dicker als Karl Tiger.   R F

8. Karl Tiger ist lustiger als Rudi.   R F

*b) Vergleiche Karl Tiger
   mit den anderen.
   Schreib Sätze in
   dein Heft.*

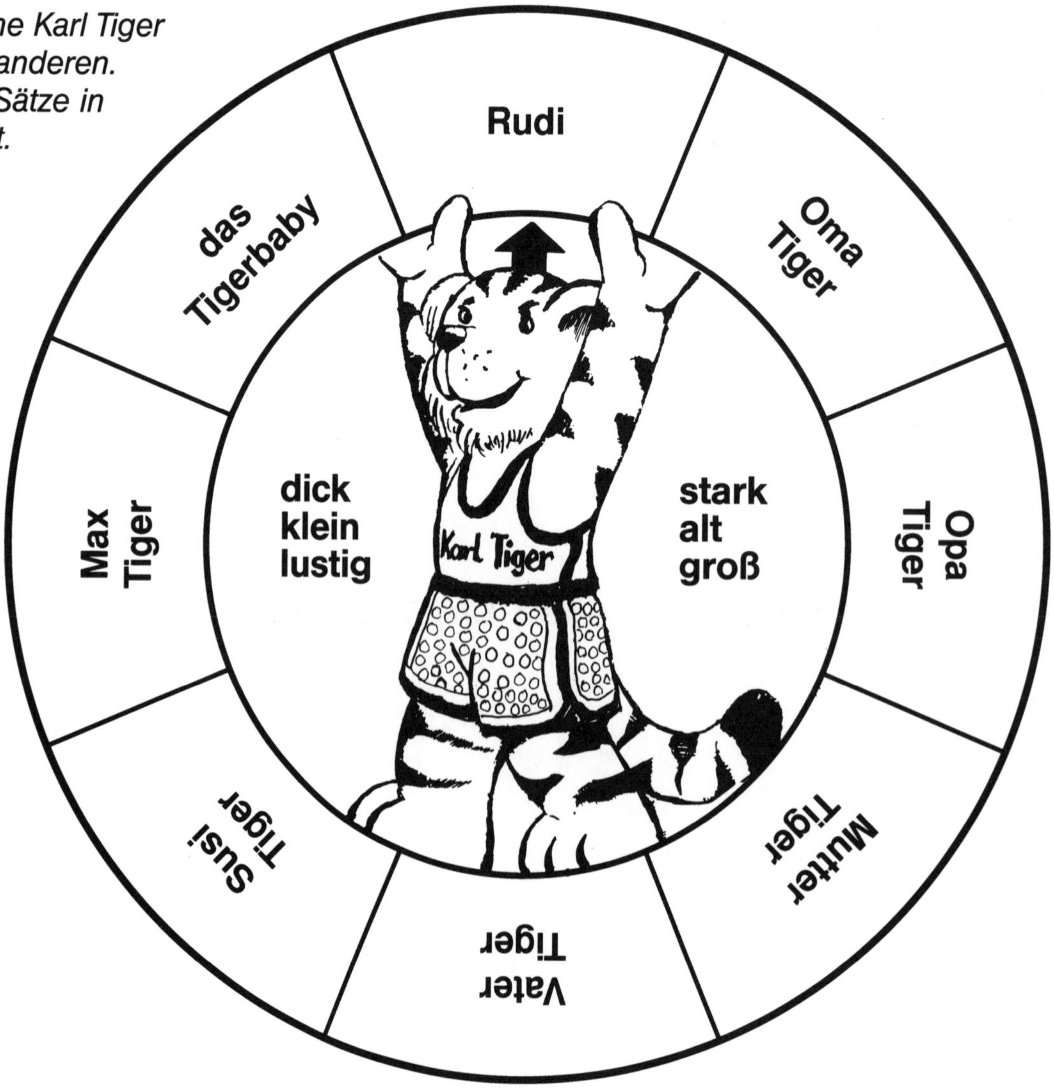

Nach **A6** *Frau Superdünn*

a) Was hat Frau Superdünn? Kreuze an, was richtig ist.

a	Frau Superdünn sieht zu viel fern.
b	Frau Superdünn isst zu viel.
c	Frau Superdünn raucht zu viel.
d	Frau Superdünn isst nicht genug.

b) Was macht Frau Superdünn wann? Kreuze an, was richtig ist.

	morgens	mittags	nachmittags	abends
einen Salat essen				
fernsehen				
Zigaretten rauchen				
turnen				
Käsebrötchen malen				
Kaffee trinken				
Huhn mit Kartoffeln malen				
arbeiten				

★

Lektion 9

Nach **A11** *Bei Familie Grau ist der Wasserhahn kaputt.*
Was ist los bei Familie Grau? Nummeriere die Sätze von 1 bis 6 in der richtigen
Reihenfolge.

	Oma kommt zurück und schimpft.
	Das Wasser läuft über die Badewanne.
	Die Kinder spielen im Wasser.
	Herr Schulte soll helfen.
	Die Kinder können den Wasserhahn nicht zudrehen.
	Das Spielzeug schwimmt im Wasser.

Nach **A11** *Ausflug zum Kochelsee*

a) Nummeriere die Stationen des Ausflugs in der richtigen Reihenfolge von ① bis ⑥.

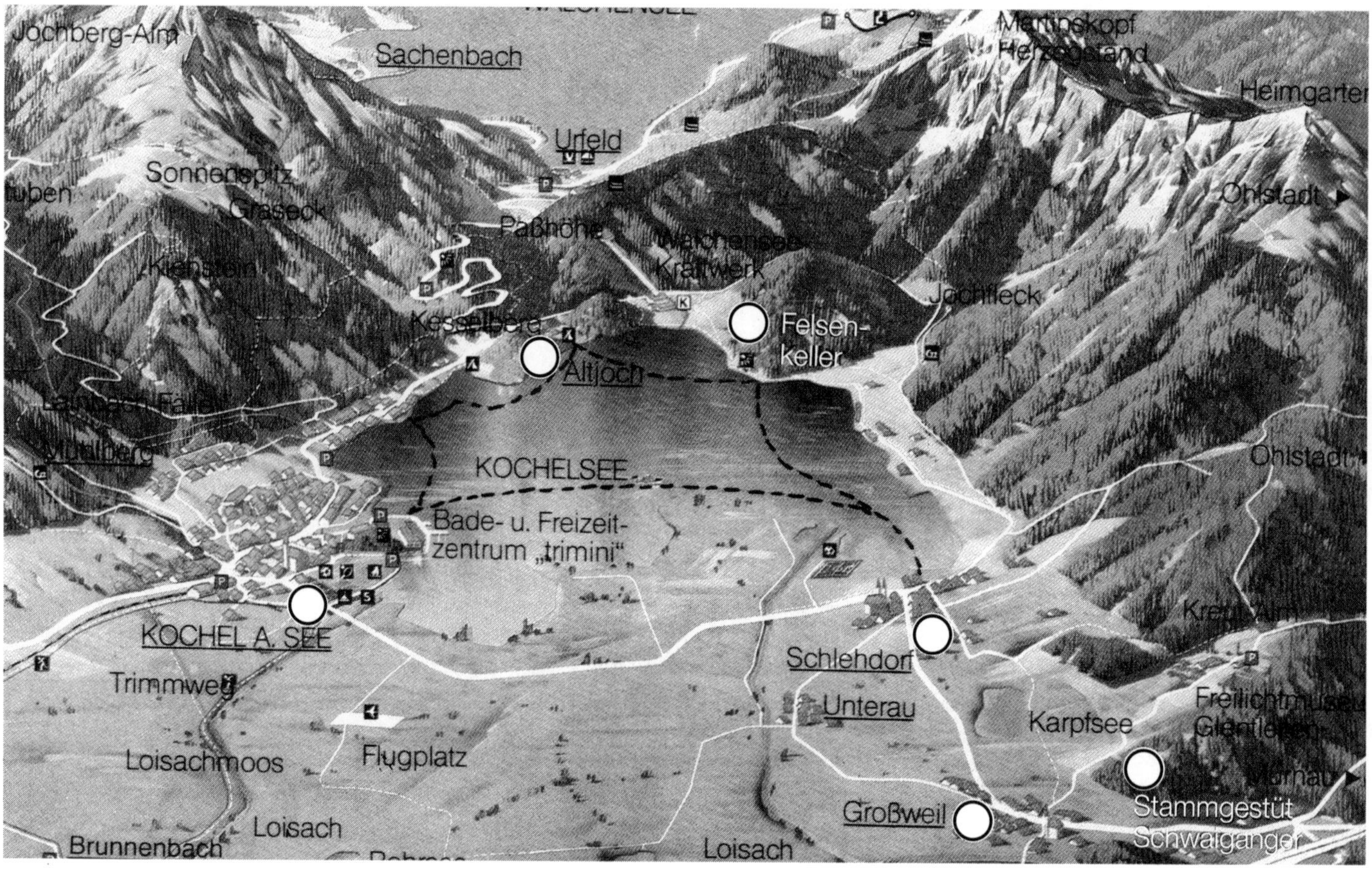

b) Wo kann Familie Berger das machen? Wo gibt es das? Kreuze den Ort an.

	in Großweil	im Gestüt Schwaig-anger	in Schlehdorf	in Felsenkeller	in Altjoch
1. Schokoladentorte essen					
2. schwimmen					
3. eine alte Kirche sehen					
4. Eis essen					
5. Pferde beobachten					
6. das Schiff nehmen					
7. Restaurant „Seeterrasse"					
8. Schwimmbad					
9. Café „Waldhof"					
10. die Schwester von Herrn Huber					

Quellennachweis: Abbildungen

Alle außer den im Folgenden genannten Fotos stammen von Andreas Douvitsas
und Sigrid Xanthos-Kretschmer, Athen.

Seite 10:   Familienfoto © Herlinde Koelbl, Neuried bei München

Seite 48:   Foto Giraffe: Krämer/Stern
Fotos Kamele, Papagei, Pferde, Elefant/Löwe: Bilderdienst Süddeutscher Verlag

Seite 98:   Foto D'Funtenseer: Verkehrsverein Schönau a. Königssee/Foto Ammon

Seite 110: Panoramakarte Kochelsee: © Firma Gloggnitzer, Laufen